SUSTENTABILIDADE EM GESTÃO DE PROJETOS

SUSTENTABILIDADE EM GESTÃO DE PROJETOS

2023

Roberto Farias de Toledo
José Rodrigues de Farias Filho

ACTUAL

SUSTENTABILIDADE EM GESTÃO DE PROJETOS
© Almedina, 2023
AUTOR: Roberto Farias de Toledo e José Rodrigues de Farias Filho.

DIRETOR DA ALMEDINA BRASIL: Rodrigo Mentz
EDITOR: Marco Pace
EDITOR DE DESENVOLVIMENTO: Rafael Lima
ASSISTENTES EDITORIAIS: Larissa Nogueira e Letícia Gabriella Batista
ESTAGIÁRIA DE PRODUÇÃO: Laura Roberti

REVISÃO: Gabriela Leite e Alex Fernandes
DIAGRAMAÇÃO: Almedina
DESIGN DE CAPA: Roberta Bassanetto

ISBN: 9786587019659
Agosto, 2023

Dados Internacionais de Catalogação na Publicação (CIP)
(Câmara Brasileira do Livro, SP, Brasil)

Toledo, Roberto Farias de
Sustentabilidade em gestão de projetos / Roberto
Farias de Toledo, José Rodrigues de Farias Filho. --
São Paulo : Actual, 2023.

ISBN 978-65-87019-65-9

1. Administração - Brasil 2. Desenvolvimento sustentável 3. Projetos - Desenvolvimento
4. Projetos - Elaboração 5. Mudanças climáticas - Aspectos socioambientais
6. Sustentabilidade ambiental
I. Farias Filho, José Rodrigues de. II. Título.

23-158257 CDD-658.408

Índices para catálogo sistemático:

1. Sustentabilidade : Empresas : Responsabilidade
social : Administração 658.408
Eliane de Freitas Leite - Bibliotecária - CRB 8/8415

Este livro segue as regras do novo Acordo Ortográfico da Língua Portuguesa (1990).

EDITORA: Almedina Brasil
Rua José Maria Lisboa, 860, Conj.131 e 132, Jardim Paulista | 01423-001 São Paulo | Brasil
www.almedina.com.br

Sumário

1. Introdução

1.1 A gestão de projetos e a sustentabilidade

"Na essência, desenvolvimento sustentável é um processo de mudança no qual a exploração de recursos, o direcionamento dos investimentos, a orientação do desenvolvimento tecnológico e a mudança institucional, estão todos em harmonia e melhoram o potencial corrente e futuro para atingir as aspirações e necessidades humanas". Ao fazer essa afirmação, o relatório Brundtland destaca o aspecto de mudança da sustentabilidade (World Commission on Development and Environment, 1987).

A definição mais conhecida e aceita sobre o termo Desenvolvimento Sustentável (DS), descrita no relatório Brundtland, documento intitulado "Nosso Futuro Comum", é: "aquele que permite às gerações atuais satisfazer suas necessidades sem comprometer a capacidade das futuras gerações" (World Commission on Development and Environment, 1987, p. 46).

A tangibilização do conceito da sustentabilidade está hoje representada nos *17 Objetivos do desenvolvimento sustentável — ODSs*, da Agenda 2030 para o Desenvolvimento Sustentável. Esta foi adotada pelos líderes mundiais em setembro de 2015 na reunião histórica da Cúpula das Nações Unidas — oficialmente tomou força em 1 de janeiro de 2016. A ideia com estes objetivos, que são aplicados a todos, é que os países mobilizarão esforços para pôr fim a todas as formas de pobreza, combater desigualdades e combater as alterações climáticas, enquanto garantem que ninguém seja deixado para trás (UNITED NATIONS, 2015):

1. **Erradicação da pobreza** — Acabar com a pobreza em todas as suas formas, em todos os lugares.
2. **Fome zero e agricultura sustentável** — Acabar com a fome, alcançar a segurança alimentar e melhoria da nutrição e promover a agricultura sustentável.
3. **Saúde e bem-estar** — Assegurar uma vida saudável e promover o bem-estar para todos, em todas as idades.
4. **Educação de qualidade** — Assegurar a educação inclusiva, equitativa e de qualidade, e promover oportunidades de aprendizagem ao longo da vida para todos.
5. **Igualdade de gênero** — Alcançar a igualdade de gênero e empoderar todas as mulheres e meninas.
6. **Água limpa e saneamento** — Garantir disponibilidade e manejo sustentável da água e saneamento para todos.
7. **Energia limpa e acessível** — Garantir acesso à energia barata, confiável, sustentável e renovável para todos.
8. **Emprego digno e crescimento econômico** — Promover o crescimento econômico sustentado, inclusivo e sustentável, emprego pleno e produtivo e trabalho decente para todos.
9. **Indústria, inovação e infraestrutura** — Construir infraestrutura resiliente, promover a industrialização inclusiva e sustentável e fomentar a inovação.
10. **Redução das desigualdades** — Reduzir as desigualdades dentro dos países e entre eles.
11. **Cidades e comunidades sustentáveis** — Tornar as cidades e os assentamentos humanos inclusivos, seguros, resilientes e sustentáveis.
12. **Consumo e produção responsáveis** — Assegurar padrões de produção e de consumo sustentáveis.
13. **Ação contra a mudança global do clima** — Tomar medidas urgentes para combater a mudança climática e seus impactos.

14. **Vida na água** — Conservação e uso sustentável dos oceanos, dos mares e dos recursos marinhos para o desenvolvimento sustentável.
15. **Vida terrestre** — Proteger, recuperar e promover o uso sustentável dos ecossistemas terrestres, gerir de forma sustentável as florestas, combater a desertificação, deter e reverter a degradação da Terra e deter a perda da biodiversidade.
16. **Paz, justiça e instituições eficazes** — Promover sociedades pacíficas e inclusivas para o desenvolvimento sustentável, proporcionar o acesso à justiça para todos e construir instituições eficazes, responsáveis e inclusivas em todos os níveis.
17. **Parcerias e meios de implementação** — Fortalecer os meios de implementação e revitalizar a parceria global para o desenvolvimento sustentável.

Muitos empreendimentos nos dias de hoje são planejados e executados por meio da formação de consórcios entre empresas devido à necessidade de agregar valor através da junção de experiências prévias e distintas, conhecimento interdisciplinar e garantia de capacidade para execução do projeto. Esses consórcios ou associações entre empresas acabam culminando na formação de organizações temporárias, que são aquelas criadas para o planejamento e a execução do projeto, e ao concluí-lo e/ou encerrá-lo, também são encerradas.

Organizações temporárias e projetos representam uma parte comum e importante da vida econômica e social de hoje. Os esforços para renovar negócios e para alterar operações em empresas existentes são organizados como projetos (Lundin; Söderholm, 1995).

Um projeto é um empreendimento temporário realizado para criar um produto, serviço ou resultado único (PMI, 2017). Projetos, ou entregáveis de um projeto, podem ter impactos sociais, econômicos e ambientais que superam o tempo de execução dos próprios projetos (Sanchez, 2015).

Edwards (2009) declara que grandes organizações podem apresentar um perfil de sustentabilidade muito contraditório em situações de instabilidade ambiental e vulnerabilidade. Isso pode ser evidenciado no comportamento de organizações multinacionais: nas suas operações em países do Terceiro Mundo, em resposta a ambientes regulatórios muito fracos, podem agir em um estágio pré-convencional de sustentabilidade organizacional e, ao mesmo tempo, em seus países de origem, poderão agir em padrões muito mais elevados.

Como a sustentabilidade pode ser endereçada nas práticas de desenvolvimento do projeto e do produto, ela nem sempre é clara. A inclusão dos fatores da sustentabilidade em qualquer processo demanda um completo entendimento das complexidades do cenário analisado (MAGALHÃES; DANILEVICZ; PALAZZO, 2019).

Segundo Økland (2015), o Guia PMBOK® menciona Sustentabilidade três vezes, e esta é mencionada como um fator contextual, onde o gerente de projeto deve estar a par de como as políticas e regulamentações da sustentabilidade podem influenciar o projeto. As considerações de Sustentabilidade são entendidas como externas ao projeto básico, mas podem ter que ser incluídas, já que seu sucesso será avaliado de acordo com as políticas organizacionais.

A sexta edição do Guia PMBOK®, publicada em 2017, dedicou atenção especial às metodologias ágeis ou de ambientes adaptativos, que são mais utilizadas em projetos de desenvolvimento de *software*. Nessa última edição do PMBOK®, Sustentabilidade é mencionada quatro vezes, sem maior abrangência.

Nossa forma atual de agir não é sustentável. A forma atual de produzir, organizar, consumir, viver etc., pode ter efeitos negativos no futuro. Embora tenha havido um aumento no número de artigos acadêmicos que abordam sustentabilidade e gestão de projetos, ainda existe uma lacuna entre os modelos, ferramentas e estruturas (*frameworks*) apresentados na literatura acadêmica e a prática comum, conforme estabelecido pelos padrões de gestão de projetos (ØKLAND, 2015; SILVIUS; SCHIPPER, 2010).

Apesar da existência de um progresso significativo, a sustentabilidade corporativa chegou a uma encruzilhada. Em uma direção, líderes corporativos em sustentabilidade continuam sendo minoria e estão distribuídos de forma desigual, através de geografias e indústrias. Na outra direção, um grupo de empresas de destaque está demonstrando que a sustentabilidade pode ser a condutora da inovação, da eficiência e do valor duradouro do negócio (KIRON *et al.*, 2017).

Segundo Kiron *et al.* (2017) a maioria dos executivos hoje reconhece que é necessário ter uma estratégia de sustentabilidade para ser competitivo. Um número cada vez maior de empresas está relatando a sua performance em sustentabilidade. A lista de empresas com práticas de negócios sustentáveis multibilionários está se expandindo, ano após ano. Sustentabilidade Corporativa não é mais um conjunto de atividades secundárias ou de perda de dinheiro.

As indústrias que têm um maior percentual de empresas com uma estratégia de sustentabilidade são as que estão em produtos químicos, energia e utilidades, bens e serviços industriais e maquinaria. Essas são indústrias altamente reguladas, com preocupações ambientais, de segurança e saúde, bem como necessidades significativas de recursos e restrições (KIRON *et al.*, 2017).

Segundo o *BCG e MIT* (2019) foi realizado um trabalho do BCG em colaboração com o *MIT Sloan Management Review*, chamado de "*Sustainability Initiative*". Como parte desse projeto, realizaram uma pesquisa com mais de 1.500 executivos e gerentes de corporações globais sobre seus pontos de vista da interseção da sustentabilidade com a estratégia de negócios. De acordo com os respondentes da pesquisa, os grandes impulsionadores de investimentos na sustentabilidade corporativa, ou seja, as forças que estão tendo o maior impacto nas corporações, são: legislação governamental, preocupações dos consumidores e comprometimento dos colaboradores na sustentabilidade.

- Legislação governamental foi citada como principal impulsionadora dos esforços da sustentabilidade pela maioria das indústrias analisadas, com exceção de agricultura, mineração e companhias de água, que citaram preocupações com poluição ambiental, e companhias nas indústrias de comunicação, entretenimento, tecnologia e telecomunicações, que identificaram políticas globais de segurança como a grande preocupação.
- Preocupação dos consumidores foi vista como uma força relativamente mais crítica da sustentabilidade junto a empresas baseadas fora dos Estados Unidos e Europa.
- Interesse dos colaboradores na sustentabilidade foi selecionado por 56% dos participantes do grupo de pesquisa corporativa como um problema com impacto significativo em sua empresa. No entanto, no grupo de líderes o interesse dos funcionários foi considerado muito menos importante.

Segundo a KPMG (2017), em pesquisa realizada de relatório de Responsabilidade Corporativa (RC), com dois grupos de corporações: N100 — grupo composto por amostra mundial de 4.900 empresas que compõem as 100 maiores empresas por receita, em cada um dos 49 países pesquisados; e G250 — grupo composto pelas 250 maiores empresas do mundo por receita, com base na Fortune 500, *ranking* de 2016, o GRI continua sendo o *framework* mais popular para os relatórios de RC.

A pesquisa mostra que os Objetivos do Desenvolvimento Sustentável (ODS) têm ressoado fortemente nas empresas em todo o mundo, em menos de dois anos desde o seu lançamento. Cerca de quatro em cada dez relatórios RC, de ambas as empresas N100 e G250, fazem uma conexão entre as atividades de RC da empresa e os ODS: N100 — 39% e G250 — 43%. Esta é uma tendência clara que surgiu em um curto espaço de tempo e, fortemente, sugere que os ODS terão um perfil crescente nos relatórios de RC nos próximos dois a três anos.

As pesquisas científicas relacionando sustentabilidade e gestão de projetos têm se concentrado, principalmente, nas áreas de engenharia civil, infraestrutura e construção. Talvez uma explicação seja porque esses ramos de atividade são dos maiores consumidores de recursos e geram mais desperdício do que outros setores industriais.

Essas mesmas pesquisas científicas revelam uma evolução do campo de pesquisa, baseada nos conceitos do relatório da Comissão Brundtland, considerando a sustentabilidade *Triple Bottom Line* nas atividades de gestão de projetos.

Na Figura 1, Global (2019) apresenta o padrão P5™ (Pessoas, Planeta, Prosperidade, Processos e Produtos), combinado com um dos principais conceitos da gestão de projetos moderno, o Triângulo de Ferro, que significa entregar o projeto no tempo, orçamento e escopo planejados. Harmonizando então a perspectiva de conformidade (tempo, custo e escopo) com a perspectiva de criação de valor (ambiental, social e econômico), que são externas ao projeto, bem como a abordagem de processo e ciclo de vida dos ativos (produto), os direcionadores primários do P5™ são os ODS.

Figura 1: P5 — Padrão para Sustentabilidade em Gestão de Projeto

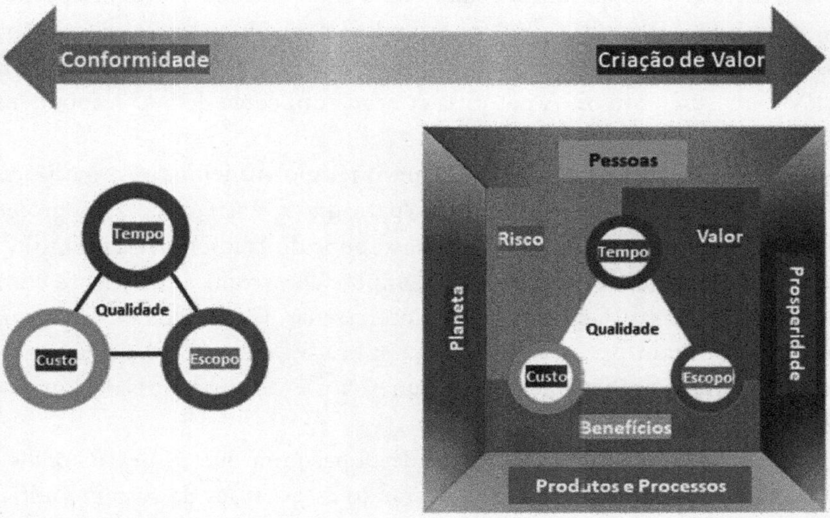

Fonte: Adaptado de GLOBAL, 2019

O domínio da sustentabilidade tem sido frequentemente descrito como a interseção de interesses e iniciativas sociais, econômicas e ecológicas. Muitas abordagens para avaliações orientadas para a sustentabilidade — tanto no nível do projeto, quanto no nível estratégico — começaram tratando das considerações sociais, econômicas e ecológicas separadamente e, em seguida, lutaram para integrar as descobertas separadas. O efeito combinado não é meramente uma ausência de experiência integradora, dados e autoridade, mas uma tendência enraizada de negligenciar a interdependência desses fatores (GINSON, 2006).

Integrando as metas e medidas da sustentabilidade em seu processo de gestão de projetos, as empresas almejam uma maior participação de mercado e incremento nos lucros, ao mesmo tempo em que buscam atender às crescentes demandas dos clientes e governos, por práticas empresariais mais responsáveis socialmente (PMI, 2011).

KPMG, *International Project Management Association* (IPMA®) e *Australian Institute of Project Management* (AIPM) (2019) realizaram uma pesquisa através de um esforço colaborativo conjunto, com o objetivo de estabelecer indicadores quantificáveis da performance em gestão de projetos. A pesquisa denominada "*The Future of Project Management: Global Outlook 2019*" foi construída sobre pesquisa colaborativa realizada na Austrália, nos meses de agosto de 2018 e 2019. Ela foi estendida para a base global de membros do IPMA® e parceiros regionais, juntamente com a seleção de clientes KPMG representativos. A pesquisa contou com cerca de 500 respondentes de 57 países em todo o mundo.

Suas principais conclusões indicam que, globalmente, as organizações continuam a encontrar dificuldades para que a entrega de seus projetos alcance todos os objetivos habituais ao redor do tradicional Triângulo de Ferro, ou seja, atender ao custo, ao tempo e ao escopo, juntamente com o atingimento da satisfação das partes interessadas. Os resultados da pesquisa também apontam para os desafios na aplicação consistente de supervisão de governança, foco na gestão de benefícios e de mudanças ao longo do ciclo de vida do projeto.

Podemos notar com o resultado desta pesquisa que os profissionais de gestão de projetos não estão considerando as questões da sustentabilidade no resultado da performance dos seus projetos.

A Figura 2, extraída de estudo realizado pelos pesquisadores Silvius *et al.* (2017) (baseados em: LABUSCHAGNE; BRENT, 2005; SILVIUS; SCHIPPER, 2014), indica que a gestão de projetos contemporânea busca o atingimento da gestão de projetos sustentável, com foco nas sociedades local e global e nos efeitos e benefícios do entregável, ao longo do seu ciclo de vida.

Figura 2: O escopo ampliado da gestão sustentável de projeto

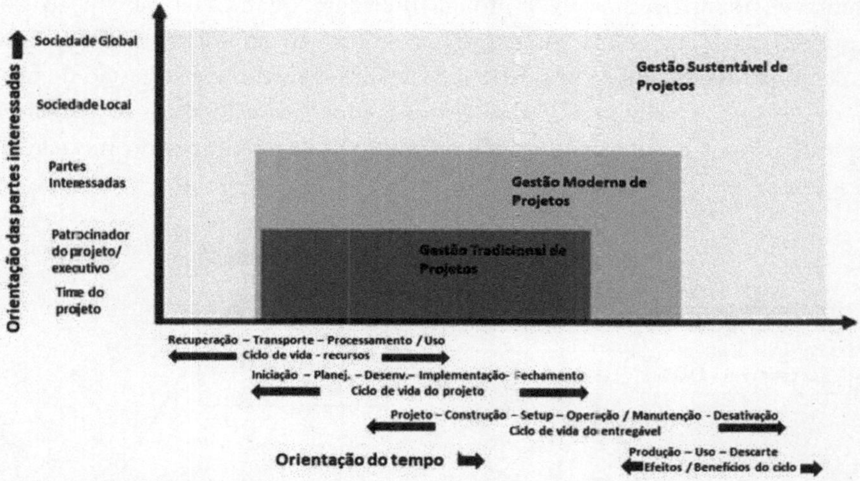

Fonte: SILVIUS *et al.*, 2017 (baseado em: LABUSCHAGNE; BRENT, 2005; SILVIUS; SCHIPPER, 2014)

1.2 Modelo para integração da sustentabilidade na gestão de projetos

Como resultado de pesquisas realizadas na literatura existente sobre sustentabilidade na gestão de projetos, estruturou-se o modelo conceitual de referência apresentado na Figura 3, composto por seis construtos: ODS, Partes Interessadas, Empresas Sustentáveis, Metodologia de Gestão Sustentável de Projeto e Projeto Sustentável. Estes foram definidos como resultado da análise da pesquisa exploratória com especialistas e da pesquisa bibliográfica realizada.

Segundo o Guia PMBOK® (2017), as Partes Interessadas são um indivíduo, grupo ou organização que pode afetar, ser afetado ou sentir-se afetado por decisão, atividade ou resultado de um projeto. Essas podem ser internas ou externas ao projeto, podendo estar envolvidas ativamente ou passivamente, ou até não estar cientes do projeto. As principais partes interessadas consideradas no nosso modelo, mas não limitadas a somente estas, são: governo, mercado, clientes, fornecedores, acionistas, sociedade, gerentes de projetos e equipe do projeto.

Na busca por quais seriam os fatores críticos para um projeto ser sustentável, identificamos — tanto na literatura quanto na percepção dos especialistas, pela análise do resultado da revisão de literatura dos artigos selecionados e de entrevistas realizadas com especialistas em gestão de projetos — que as principais variáveis ligadas aos fatores críticos de sucesso e que têm mais participação e influência são as apresentadas no modelo da Figura 3.

Figura 3: Modelo Conceitual de Referência

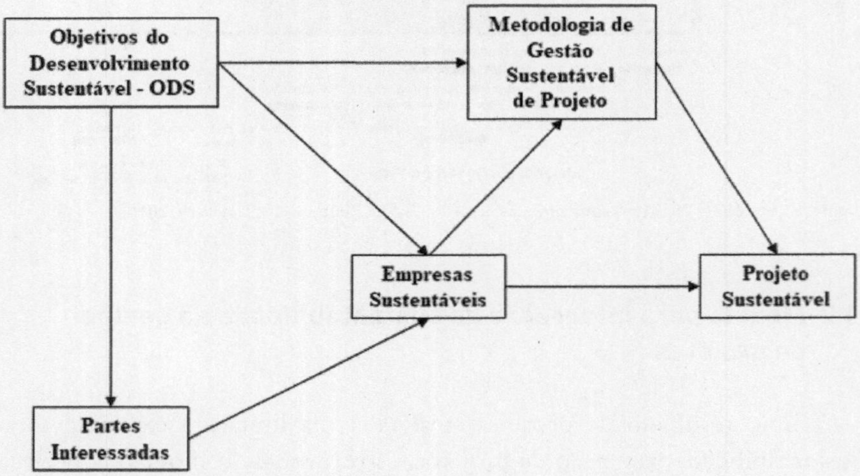

Fonte: Elaborado pelo autor

No modelo proposto, os Objetivos do Desenvolvimento Sustentável (ODS) são o construto que inicia o processo de influência na direção da sustentabilidade para os construtos Empresas Sustentáveis, Partes Interessadas e Metodologia de Gestão Sustentável de Projeto, culminando com a condução e entrega de projeto sustentável.

Empresas Sustentáveis e Partes Interessadas interagem e ajustam-se entre si para atenderem aos ODS e influenciarem a definição dos fatores críticos de sucesso que respondam ao problema da tese "Incorporar sustentabilidade como fator crítico de sucesso para a gestão de projetos" e atendam aos objetivos específicos desta pesquisa, concluindo com a busca pela validação do modelo.

O modelo de gestão sustentável de projeto prevê que, para tornar o projeto e sua gestão sustentável, os ODS exerçam influência no mercado, no governo, nas empresas e nas demais partes interessadas, para que as empresas caminhem para um melhor desempenho sustentável, através de relações que foram estabelecidas entre os construtos e suas variáveis manifestas.

1.3 Por que a sustentabilidade precisa ser considerada na gestão de projetos?

Os dados mostram que para projetar o sucesso é preciso: executivos sendo patrocinadores engajados, projetos alinhados com a estratégia organizacional, controle para evitar o desvio do escopo e, também, que as organizações devem valorizar a gestão de projetos. Estas podem chamar a gestão de projetos por um nome diferente, mas, ainda assim, reconhecem seu poder de transformar ideias em realidade (®PMI, 2019).

Segundo o *Pulse of the Profession®* do PMI (2018) — que entrevistou 4.455 profissionais de gestão de projetos, 447 executivos seniores e 800 diretores de escritórios de gestão de projetos (PMO) de uma série de setores, incluindo governo, tecnologia da informação (TI), telecomunicações, energia, manufatura, saúde e construção. Os entrevistados abrangem a América do Norte, Ásia-Pacífico, Europa, Oriente Médio e África (EMEA) e a América Latina e as regiões do Caribe —, 56% dos diretores de PMO entrevistados afirmaram que suas organizações têm um entendimento completo do valor da gestão de projetos.

De acordo com Kerzner (2002), a maturidade em gestão de projetos pode ser definida como o desenvolvimento de sistemas e processos que são por natureza repetitivos, de modo a garantir a alta probabilidade de sucesso em projetos, para que o mesmo seja executado no prazo, no custo e no nível de qualidade desejado e com o aceite do cliente.

Quando perguntados com relação à maturidade da organização em relação à gestão de projetos, afirmaram: 13% — Muito alta; 26% — Um pouco alta; 34% — Média; 19% — Um pouco baixa; e 7% — Baixa. Nessa mesma pesquisa, a única referência a desenvolvimento sustentável foi feita quando os líderes seniores foram entrevistados sobre tendências disruptivas que já estão afetando seus negócios, estes então mencionaram: desenvolvimento sustentável, mudanças climáticas e energia renovável.

Na maior parte do tempo, as organizações e os profissionais envolvidos na gestão do negócio e de projetos têm como foco o resultado econômico e a sustentabilidade do negócio e da organização.

Segundo Gareis, Huemann e Martinuzzi (2010), os desafios e potencialidades do desenvolvimento sustentável na gestão de projetos ainda não foram pesquisados em profundidade, e a incorporação dos seus conceitos apenas começou.

O estado atual das pesquisas sobre sustentabilidade em projetos e gestão de projetos é, na sua maioria, interpretativo, dando sentido à forma como os conceitos da sustentabilidade podem ser interpretados neste contexto, em vez de normativo, indicativo de como a sustentabilidade deve ser incorporada aos projetos. Os estudos fornecem os ingredientes, mas nenhuma receita clara (SILVIUS; SCHIPPER, 2010).

Do ponto de vista das pesquisas científicas identificadas a partir da pesquisa bibliográfica realizada, apesar de estar em crescimento, ainda existe pouca literatura disponível relacionando sustentabilidade e gestão de projetos. Dentro da literatura encontrada verifica-se uma maior concentração nas áreas de engenharia civil, infraestrutura e construção.

Apesar de ter-se identificado a existência de diversos modelos, diferentes práticas e *frameworks*, não se constatou um padrão convergente nem atenção especial sendo dada para o tratamento da sustentabilidade na gestão de projetos.

A identificação dos fatores críticos para a sustentabilidade na gestão empresarial e na gestão de projetos pode contribuir para o desempenho organizacional e a evolução de suas práticas, alcançando resultados mais satisfatórios na condução do negócio, dos projetos e nas entregas destes.

De acordo com Jin e High (2004), diversas empresas têm utilizado ferramentas para melhorar seus desempenhos nas áreas sociais e ambientais, assim como têm aderido a programas corporativos e balanços sociais. Entre os objetivos pretendidos pelas empresas com a adoção de uma estratégia que vise a sustentabilidade têm-se: obtenção de informações para o *benchmarking* interno e externo de suas atividades; obediência a leis e normas; melhora na imagem da companhia; e, finalmente, monitoramento constante visando à melhoria da eficiência operacional no tempo.

As ações de *benchmarking* fazem parte dos programas de melhoria contínua, onde medidas de desempenho da organização são comparadas com valores de referência.

Empresas como Natura Cosméticos, Unilever e Nestlé adotaram uma estratégia sustentável e têm obtido resultados positivos. A Natura é reconhecida como fabricante de produtos de beleza que tem grande preocupação socioambiental. Seus clientes percebem que a proteção à natureza é importante e a utilização sustentável das riquezas naturais das florestas contribui para a produção de cosméticos de alta qualidade. A Unilever é proprietária de diversos produtos e marcas bastante conhecidos, e dentro da sua estratégia para a sustentabilidade, pretende ajudar mais de um bilhão de pessoas a tomarem iniciativas para melhorar a sua saúde e bem-estar. A Nestlé é especialista na produção de alimentos e tem dentro das suas principais práticas o uso de fontes renováveis de energia e a neutralização de carbono.

A pesquisa traz contribuições para o debate atual entre os profissionais envolvidos com gestão de projetos acerca da gestão sustentável dos negócios e projetos das empresas, e pode fornecer àquelas que aplicam, ou pretendem aplicar, essa gestão, práticas mais eficientes e diretrizes para obterem maior aderência do seu negócio e de seus projetos, além de resultados em conformidade com os padrões de sustentabilidade, permitindo às organizações o equilíbrio da busca pela excelência operacional em seus sistemas de produção e serviços, mas mantendo-se comprometidas com o cuidado com o meio ambiente e a justiça social.

2. Sustentabilidade e Gestão de Projetos

2.1 Sustentabilidade e desenvolvimento sustentável

É possível confiar no capitalismo para garantir que o século 21 seja considerado o século da sustentabilidade? Segundo Elkington (1997), provavelmente não, mas as tendências atuais sugerem que os negócios estão começando a despertar para a necessidade de mudança e para o tamanho do desafio. No entanto, muitos daqueles que estão assessorando as grandes corporações ainda precisam entender completamente o que está começando a acontecer ao seu redor.

> Na essência, desenvolvimento sustentável é um processo de mudança no qual a exploração de recursos, o direcionamento dos investimentos, a orientação do desenvolvimento tecnológico e a mudança institucional estão todos em harmonia e melhoram o potencial corrente e futuro para atingir as aspirações e necessidades humanas (World Commission on Development and Environment, 1987).

2.2 Economia circular

A demanda e a concorrência por recursos finitos e, por vezes, escassos continuará a aumentar, e a pressão sobre os recursos está causando uma maior degradação ambiental e a fragilidade dos seus sistemas. É possível beneficiar-nos economicamente e ambientalmente fazendo melhor uso desses recursos. Segundo a European Commission (2014), desde a revolução industrial, nossas economias desenvolveram um padrão de crescimento, um modelo linear de tomar, consumir e dispor de recursos, baseado no pressuposto de que os recursos são abundantes, disponíveis, de fontes fáceis e baratos para descartar.

Mover-se em direção a uma economia mais circular é essencial para proporcionar a eficiência do uso dos recursos, de forma a permitir um crescimento inteligente, sustentável e inclusivo.

> Por isso, definimos a economia circular [Figura 4] como um sistema econômico que representa uma mudança de paradigma no modo como a sociedade humana está inter-relacionada com a natureza e visa impedir o esgotamento de recursos, fechar círculos de energia e materiais e facilitar o desenvolvimento sustentável através de sua implementação no nível micro (empresas e consumidores), meso (agentes econômicos integrados em simbiose) e macro (cidade, regiões e governos). Atingir este modelo circular requer inovações ambientais cíclicas e regenerativas na forma como a sociedade legisla, produz e consome (PRIETO-SANDOVAL *et al.*, 2018, p. 610).

O conceito de Economia Circular surgiu no ano de 1989, com a publicação do artigo dos economistas e ambientalistas britânicos David W. Pearce e R. Kerry Turner. Sua propagação ocorreu a partir do ano de 2012, através da publicação pela Fundação Ellen MacArthur do relatório "*Towards the circular economy*". O conceito envolve dissociar a atividade econômica do consumo de recursos finitos, e tem como princípio eliminar resíduos do sistema. Este é apoiado por uma transição para fontes de energia renovável. O modelo circular constrói capital econômico, natural e social. Ele se baseia em três princípios: 1) eliminar resíduos e poluição desde o princípio; 2) manter produtos e materiais em uso; 3) regenerar sistemas naturais.

Figura 4: Definições da Economia Circular

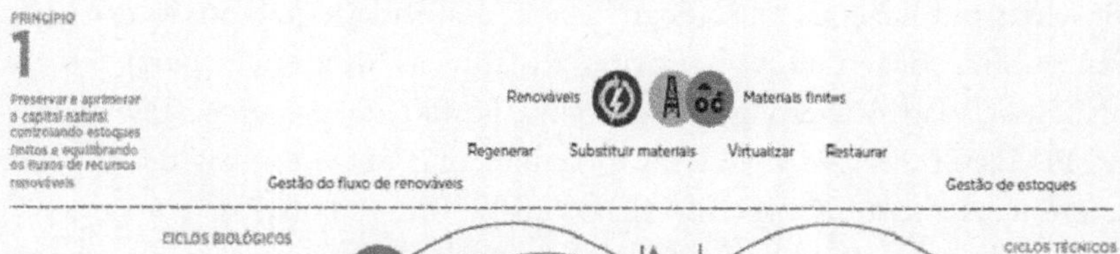

Fonte: Ellen MacArthur Foundation, 2015

2.3 Triple bottom line

Elkington (1997) identifica o conceito do *triple bottom line* (TBL), ou Triplo-P (Pessoas, Planeta, Lucro), como sendo este: sustentabilidade é o equilíbrio ou harmonia entre sustentabilidade econômica, sustentabilidade social e sustentabilidade ambiental.

O TBL auxilia na operacionalização do conceito da sustentabilidade. Entretanto, essa operacionalização introduz o risco de que as inter-relações entre as três perspectivas sejam supervisionadas e que cada uma das perspectivas social, ambiental e econômica sejam tratadas isoladamente. O entendimento holístico da sustentabilidade requer a incorporação das três perspectivas (Silvius, 2017).

Silvius e Schipper (2014), na sua revisão de literatura, identificaram que 86% das publicações endereçam a sustentabilidade pela visão do TBL, mas as publicações tratam de forma distinta as diferentes perspectivas. Os principais padrões em processos para gestão de projetos (PMBOK® *Guide*, PRINCE2® *and* ISO 21500) falham nas áreas lógicas de impacto em referências à sustentabilidade (EID, 2009; Silvius, 2015).

De acordo com Martens e Carvalho (2016), outros guias de importantes organizações, o *Australian Institute of Project Management* (AIPM), a *Association for Project Management* (APM) e o ENAA *Model Form and International Contract for Process Plant Construction*, também não empregam atenção especial à questão da sustentabilidade.

O *Project Management Body of Knowledge* (PMBOK®) oferecido pelo *Project Management Institute* (PMI®), que está estruturado em dez áreas de conhecimento, ainda não apresenta nenhuma atenção especial à área da sustentabilidade (Martens; Carvalho, 2016).

2.4 Ciclo de vida do produto sustentável

O conceito de produção limpa (CP) foi introduzido pela *United Nation Environmental Program* (UNEP) *Industry and Environment,* em 1989, como uma estratégia ambiental preventiva integrada, com impacto antecipado na redução de riscos ambientais e ecológicos (através do incremento da ecoeficiência, conservação de matéria-prima e energia, eliminação de emissões tóxicas, redução do impacto negativo do ciclo de vida do produto e inclusão de preocupações ambientais em serviços — um consumo sustentável e abordagem de produção). Os programas de prevenção da poluição (P2) e iniciativas implementadas na América do Norte, logo após, seguiram o formato do CP, focando na redução e/ou eliminação de resíduos na fonte (através da modificação de processos de produção, promoção do uso de substâncias não tóxicas ou menos tóxicas, implementação de técnicas de conservação e reuso de materiais ao invés de colocá-los nos fluxos de resíduos) (Khalili; Duecker, 2013, p.1).

Existe ainda uma falta de compreensão entre empresas que pensam em incorporar a sustentabilidade muito tarde nas fases do ciclo de vida do produto. No entanto, ficou provado que a concepção do produto, a primeira fase do ciclo de vida, irá determinar em torno de 80% a 90% do impacto do produto nas fases posteriores (Verrier *et al.*, 2014).

De acordo com Westkamper, Alting e Arndt (2001), utilizando-se o modelo de sistema dinâmico criado pelo engenheiro Dr. Jay Forrester, professor do *Sloan School of Management* no MIT, prevê-se que, em algum momento nos próximos 100 anos, se as tendências atuais de crescimento populacional, industrialização e esgotamento de recursos continuarem inalteradas, o mundo enfrentará limites físicos reais para o crescimento. Para reduzir esses problemas, com contribuições da engenharia de produção, novas orientações e paradigmas são requeridos. Conforme a Figura 5, a produção cobre todas as fases na vida dos produtos técnicos: manufatura, uso e serviço e reciclagem.

Figura 5: Demanda pela gestão do ciclo de vida

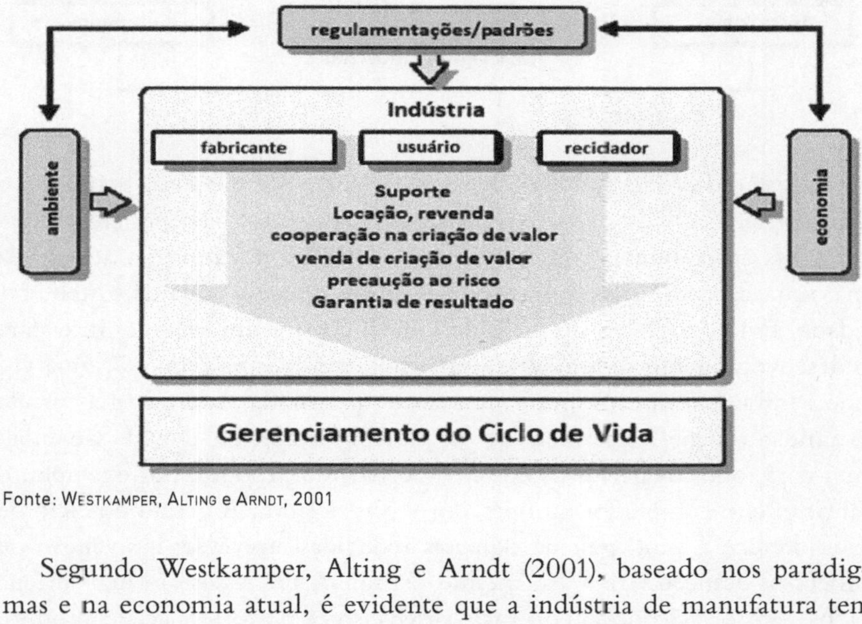

Fonte: Westkamper, Alting e Arndt, 2001

Segundo Westkamper, Alting e Arndt (2001), baseado nos paradigmas e na economia atual, é evidente que a indústria de manufatura tem que alterar seus objetivos. Por um lado, eles são confrontados com decisões políticas e aumento de regulamentações, e por outro, existem novos potenciais para ativação de valor. Como sumarizado na Figura 6, a indústria da manufatura tem o potencial da mudança e a responsabilidade pelo desenvolvimento da produção sustentável.

Figura 6: Novo paradigma da manufatura industrial

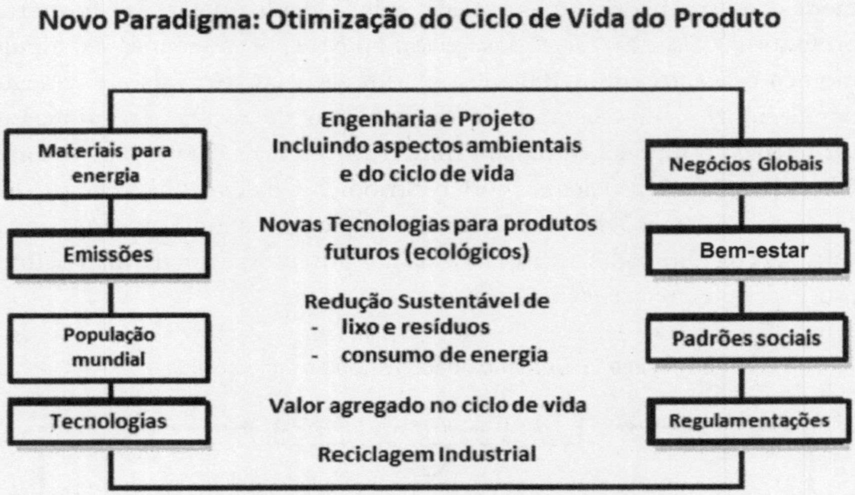

Fonte: WESTKAMPER, ALTING e ARNDT, 2001

A gestão do ciclo de vida amplia a eficiência dos produtos para todo o ciclo de vida. O custo total minimizado, bem como os benefícios maximizados são coerentes com o impacto ecológico minimizado através da maximização das funcionalidades. Isso corresponde à ideia da sustentabilidade. Então, a gestão do ciclo de vida (LCM) é um pré-requisito para o desenvolvimento sustentável. Como podemos ver na Figura 7, uma vez que a infraestrutura apropriada tenha sido preparada e a estratégia correta definida, os benefícios potenciais da engenharia do ciclo de vida são enormes para todos os parceiros no ciclo de vida do produto, por exemplo, o fabricante, o comprador ou operador e o reciclador. A gestão do ciclo de vida oferece a vantagem de despesas reduzidas através da prevenção de processos desnecessários. Ao mesmo tempo, os processos são mais orientados para o ciclo de vida e mais flexíveis e a performance do produto aumenta (WESTKAMPER; ALTING; ARNDT, 2001).

Figura 7: Aplicação das metodologias de Gestão do Ciclo de Vida (LCM)

Fonte: Westkamper, Alting e Arndt, 2001

2.5 Fatores críticos de sucesso do projeto

Rockart (1979) definiu o conceito de fatores críticos de sucesso (CSF) em estudo que realizou para o alinhamento do planejamento da tecnologia da informação com o direcionamento estratégico de uma organização.

Dentre as várias abordagens discutidas na literatura, identificou-se que a mais completa para os fatores críticos de sucesso do projeto e que considera as questões da sustentabilidade é a proposta por Martens e Carvalho (2016), que está estruturada em seis dimensões: eficiência, impacto no cliente, impacto no time, sucesso do negócio, preparação para o futuro e sustentabilidade. Leva-se em conta ainda a necessidade de se utilizar as metodologias, modelos e estruturas já disponíveis que endereçam as questões da sustentabilidade. Outro fator crítico de sucesso a ser considerado para a sustentabilidade em projetos é a alocação de gerente e equipe que tenham formação, conhecimento e/ou experiência com as atividades da sustentabilidade, podendo estes serem obtidos através de treinamentos, certificações e consultorias junto a organizações como GPM® Global e IPMA®.

Segundo Martens e Carvalho (2016), com a evolução da literatura, Shenhar e Dvir (2007), Shenhar (2011) e Shenhar, Dvir, Levy e Maltz (2001) incorporaram outras dimensões de sucesso em projetos, e estas são apresentadas em cinco dimensões: eficácia, impacto no cliente, impacto no time, sucesso do negócio e preparação para o futuro. Além dessas, foi adicionada por Carvalho e Rabechini Jr. (2017) a dimensão da sustentabilidade e proposto um *framework* para os fatores críticos de sucesso da sustentabilidade em projetos, contendo as seguintes variáreis listadas abaixo:

- **Eficácia**
  - ✓ Completar no custo
  - ✓ Completar no tempo
  - ✓ Completar o escopo
- **Impacto no Cliente**
  - ✓ Atingir as especificações técnicas e funcionais do produto
  - ✓ Satisfazer as necessidades e resolver os problemas do cliente
  - ✓ Uso do produto pelo cliente e melhoria da qualidade de vida do cliente
- **Impacto no Time**
  - ✓ Impacto na vida profissional dos membros do time
  - ✓ Melhoria da aprendizagem e crescimento
  - ✓ Maior satisfação e produtividade do time
- **Sucesso do Negócio**
  - ✓ Aumento nas vendas e participação de mercado
  - ✓ Aumento na lucratividade
  - ✓ Retorno no investimento, competitividade e desempenho no mercado
- **Preparação para o futuro**
  - ✓ Criação de novos mercados
  - ✓ Criação de novos produtos
  - ✓ Criação de novas tecnologias
- **Sustentabilidade**
  - ✓ Realização e perpetuação dos benefícios econômicos do projeto
  - ✓ Realização e perpetuação dos benefícios ambientais do projeto
  - ✓ Realização e perpetuação dos benefícios sociais do projeto

Segundo Banihashemi *et al.* (2017), a incorporação da sustentabilidade às práticas de gestão de projetos referem-se à compreensiva e harmonizada assimilação dos princípios social, econômico e ambiental (o TBL da sustentabilidade).

Em estudo dos fatores associados à intensificação da sustentabilidade na entrega de projetos de construção e nas práticas de gestão de projetos, Banihashemi *et al.* (2017) identificaram os fatores críticos de sucesso mais influentes listados por fases do projeto:

- **Identificação**
  - ✓ Compromisso do cliente com as necessidades das outras partes interessadas
  - ✓ Promulgação de políticas requeridas para apoio aos princípios da sustentabilidade estabelecidos nos projetos de construção por governos e associações profissionais
  - ✓ Objetivos claramente definidos e priorização de todas as partes interessadas
- **Avaliação**
  - ✓ Conhecimento e conscientização da entrega de projetos sustentáveis na equipe de gestão de projetos
  - ✓ Domínio de relações construtivas entre as partes interessadas do projeto
- **Compromisso**
  - ✓ Forte compromisso com entrega de projetos sustentáveis das partes interessadas do projeto
  - ✓ Ênfase na alta qualidade do acabamento
- **Preparação na organização**
  - ✓ Criação de responsabilidades, expectativas, papéis e responsabilidades na organização
  - ✓ Implementação efetiva de protocolos de saúde e segurança
- **Preparação no projeto**
  - ✓ Mandato dos gerentes de projeto
  - ✓ Experiência e competência dos gerentes de projeto
- **Implementação**
  - ✓ Investigação abrangente do portfólio de contratados em termos de seu nível de conhecimento do conceito de sustentabilidade e suas experiências anteriores de implementação de projetos sustentáveis

- ✓ Minimização de poluição da água e sonora durante a execução
- ✓ Implementação de metodologia particular de monitoramento do projeto e *feedback*, para avaliar o estado corrente da sustentabilidade e retificar qualquer discrepância e/ou desvio

Carvalho e Rabechini (2017) definiram um instrumento que pode ser aplicado pelas empresas como ferramenta de diagnósticos ou como lista de verificação e que pode auxiliar a introduzir a sustentabilidade em projetos. Os resultados apresentados na pesquisa que realizaram indicam que a perspectiva sustentável na gestão de projetos pode ajudar a melhorar o sucesso do projeto, reduzindo o impacto negativo social e ambiental, assinalando que as empresas devem dar mais atenção na introdução da sustentabilidade nas práticas de gestão de projetos.

A gestão da sustentabilidade no projeto (*Project sustainability management* [PSM]) refere-se às perspectivas do produto e do projeto. Na literatura que discute a PSM, dois construtos referem-se à sustentabilidade na perspectiva do produto: projeto para o meio ambiente (*Design for Environment* [DfE]) e tecnologias ambientais (*environmental technologies* [ET]); enquanto a perspectiva do projeto abrange: as áreas de processo e conhecimento da gestão de projetos com foco na sustentabilidade (*PM process & knowledge areas focusing on Sustainability* — [PMfS]), a contratação e parceria verde/ecológica (*green procurement and partnership* [GPP]) e a responsabilidade social no projeto (SR) (CARVALHO; RABECHINI, 2017).

2.6 Projeto sustentável

Embora muita atenção da pesquisa científica tenha sido direcionada para indicadores e avaliação de performance orientados à sustentabilidade, conhece-se pouco sobre gestão sustentável de projeto, ou seja, sobre as práticas com as quais os projetos são controlados para garantir o atingimento de seus objetivos da sustentabilidade (KIVILÄ; MARTINSUO; VUORINEN, 2017).

A gestão sustentável de projeto implica em o gerente de projeto considerar não apenas o capital econômico, mas também os capitais social e ambiental da organização, garantindo assim sua capacidade de produção futura (SILVIUS *et al.*, 2017).

Segundo Silvius *et al.* (2017), pode-se concluir que a sustentabilidade é reconhecida na literatura atual como sustentabilidade na gestão de projetos e deve ser considerada na tomada de decisão na gestão de projetos. Os autores reconhecem, também, que a tomada de decisão é uma habilidade crítica para que surjam mais projetos sustentáveis.

Segundo Silvius *et al.* (2017), sustentabilidade significa que a capacidade da natureza de produzir ou gerar recursos permanece intacta. Pode-se afirmar também que sustentabilidade significa consumir renda e não capital. Pela perspectiva social, as organizações também não devem esgotar a capacidade das pessoas de produzir ou gerar trabalho ou conhecimento devido ao esgotamento físico ou mental.

Em pesquisa realizada por Silvius *et al.* (2017), com 12 experientes especialistas em gestão de projetos de diferentes indústrias, muitos dos entrevistados afirmaram que a linha de gerência da organização necessita garantir que as dimensões da sustentabilidade sejam consideradas nos projetos, e os gerentes de projetos necessitam entender o que isso significa para os seus projetos, tanto em termos de executá-los de forma sustentável, como de fazer projetos sustentáveis.

Na Figura 2, de Silvius *et al.* (2017), apresentada anteriormente no item 1.1, vê-se o escopo expandido de gestão de projetos, que resulta em considerar sustentabilidade em uma ilustração visual que apresenta um eixo de tempo que se estende desde o ciclo de vida do projeto até gerações futuras, baseado nos ciclos de vida que interagem, fornecidos por Labuschagne e Brent (2006), com a visualização do escopo ampliado da gestão sustentável de projetos (SILVIUS; SCHIPPER, 2014).

Segundo Robichaud e Anantamula (2011), a construção verde está em estágio inicial de uma mudança de paradigma na cultura americana, transformando-se de uma tendência temporária para se tornar dominante no modo de vida e de como fazer negócios.

Construção verde (também conhecida como design sustentável, construção sustentável, ambiente construído de forma saudável etc.) pode ser definida como filosofia e práticas associadas de gestão de projetos e construção que objetivam:

1- minimizar ou eliminar impactos no ambiente, recursos naturais e fontes de energia não renovável, para promover a sustentabilidade do ambiente construído;

2- aumento da saúde, bem-estar e produtividade dos ocupantes e das comunidades inteiras;
3- cultivar o desenvolvimento econômico e retorno financeiro para os desenvolvedores e comunidades inteiras;
4- aplicar as abordagens de ciclo de vida para o planejamento e desenvolvimento da comunidade (ROBICHAUD; ANANTAMULA, 2011).

Limitar o foco da gestão de projetos sustentável às fases de concepção e planejamento é insuficiente. A fase de execução é crucial para a garantia de que os projetos sejam entregues de forma sustentável (KIVILÄ; MARTINSUO; VUORINEN, 2017).

Para tornar a gestão de projetos sustentáveis bem-sucedida e criar valor sustentável por meio dele, é necessária uma visão holística para o controle do projeto (KIVILÄ; MARTINSUO; VUORINEN, 2017)..

Gestão de projetos sustentável implica na utilização de práticas que assegurem a entrega social, ecológica e lucrativa do projeto, de modo que a sua entrega seja social e ambientalmente aceitável durante todo o seu ciclo de vida (SILVIUS; SCHIPPER, 2014).

Evidências levantadas em pesquisa realizada sobre um projeto de construção de um túnel rodoviário, realizado em local com contexto central ambiental e socialmente sensível, e que teve influência significativa em várias partes interessadas, identificaram que o controle necessita estar incorporado como parte geral da gestão do projeto (ao invés de desenvolver rotinas separadas), e o seu controle interno necessita ser complementado com efetiva governança da sustentabilidade do projeto. As constatações seguem a ideia geralmente aceita de pacotes de controle únicos no controle do projeto, mas apresentam uma configuração exclusiva de pacote de controle em linha com os objetivos de sustentabilidade do projeto (mapear o uso de diferentes mecanismos de controle para as diferentes dimensões da sustentabilidade). Os resultados destacaram o papel central do controle externo, ou seja, a necessidade da governança da sustentabilidade (KIVILÄ; MARTINSUO; VUORINEN, 2017).

Conforme proposto por Rumaithi e Beheiry (2016), o processo de gestão de projeto verde envolve elementos e sugestões a serem adicionados aos processos típicos de gestão de projetos que são amplamente conhecidos, cujo foco atual é um processo de negócio, com o objetivo de utilizar recursos em benefício da sociedade ou para o atingimento de um objetivo. O objetivo do processo de gestão de projeto verde ou sustentável é reduzir riscos e custos de longo prazo, preservando o meio ambiente e prevenindo-o de qualquer impacto negativo nos projetos, tornando-os mais atrativos aos investidores.

Segundo Badurdeen *et al.* (2009), as práticas convencionais da cadeia de suprimentos têm tradicionalmente dado foco, como passo final, na obtenção de produtos ou serviços para o consumidor final, com uma abordagem de ciclo aberto para a gestão da cadeia de suprimentos (SCM). Mais recentemente, têm aumentado a ênfase na gestão da cadeia de suprimentos verde (GSCM).

A abordagem do ciclo de vida total para a cadeia de suprimentos sustentável (SSCM), segundo Badurdeen *et al.* (2009), deve ser estendida além dos 3Rs: reduzir, reutilizar e reciclar, para os 6Rs, que inclui recuperar, reconcepção e remanufatura, sendo uma nova definição para a SSCM que adota a abordagem de ciclo de vida total e TBL.

A metodologia 6R — reduzir, reutilizar, reciclar, recuperar, reconceber e remanufaturar — representa uma estrutura compreensiva e quantitativa baseada na ciência para a avaliação da sustentabilidade do produto (Jawahir *et al.*, 2006).

Para que alcancemos um projeto que seja sustentável ou verde, Rumaithi e Beheiry (2016) entendem que é necessário combinar processos de gestão de projetos verdes com o desenvolvimento e gestão de uma cadeia de suprimentos sustentável, acrescido da gestão do ciclo de vida do produto e do projeto atendendo as questões da sustentabilidade.

2.6.1 Cadeia de compras sustentável

A cadeia de suprimentos do projeto é uma questão de grande importância. Segundo Silvius e Schipper (2014) e Brent e Labuschagne (2006), a incorporação da sustentabilidade em projetos não deve se limitar apenas aos processos de gestão de projetos, a cadeia de suprimentos do projeto precisa ser considerada, incluindo o ciclo de vida de qualquer resultado que o projeto realize e o ciclo de vida dos recursos utilizados na realização do resultado.

Demandas de clientes e regulamentação são, ambas, chaves para a implementação da sustentabilidade na cadeia de suprimentos (KUEI *et al.*, 2015).

Compra verde (*Green procurement*) é definida como garantir e incentivar a construção sustentável nos processos de elaboração de contratos, determinando critérios da qualificação sustentável, premiação e desempenho do contrato durante o processo de compra. A compra verde na área pública é aplicada e regulada por governos de vários países, como o Canadá, através da *Public Services and Procurement* Canada-PWGSC, e os Estados Unidos, através da *US Environmental Protection Agency* (EPA). Como primeiro passo na gestão de projetos, pode ser aplicado o critério MEAT — Proposta mais economicamente vantajosa (*Most Economically Advantageous Tender*). Este pode ser incorporado mais à frente em sistemas de medição de sustentabilidade, como LEED, BREEAM, escala de performance CO2 e CEEQUAL (ARTS; FAITH-ELL, 2012; LENFERINK; TILLEMA; ARTS, 2013; COMMISSION OF THE EUROPEAN COMMUNITIES, 2004; RUSSEL, 2017).

O MEAT é um método de avaliação que pode ser utilizado como procedimento de seleção para contratos de seleção pública, permitindo a contratação do fornecedor baseado nos aspectos da proposta apresentada ao invés de só no preço. O MEAT foi introduzido pelo Parlamento Europeu em janeiro de 2014. As Diretivas de Contratos Públicos da União Europeia estabelecem as regras de compras públicas que são aplicadas a qualquer compra pública acima de limites definidos, e estes são aprovados no Reino Unido pelo Regulamento dos Contratos Públicos (DESIGN, 2019).

2.6.2 Ciclo de vida do produto e do projeto

Silvius e Schipper (2014) argumentam através de uma análise que realizaram das áreas de impacto da sustentabilidade na gestão de projetos, na qual identificaram áreas de impacto referentes a:

a. Entregável do projeto, como: especificações do projeto; requerimentos; entregável; critério de qualidade e materiais utilizados.
b. Processo de entrega do projeto, como: reconhecimento do contexto do projeto; reconhecimento do engajamento das partes interessadas; seleção e organização do time do projeto; sequenciamento das ativi-

dades do projeto e cronograma; identificação, planejamento e gestão dos riscos; comunicação do projeto; transferência (entrega) do projeto e aprendizagem organizacional.

Labuschagne e Brent (2005) argumentam também que, considerando como ponto de partida a definição do aspecto temporário do projeto, este terá consequências mínimas relativas ao econômico, ambiental e social, mas os produtos ou entregáveis do projeto terão consequências e impactos. Esse conceito é suportado na análise financeira do projeto, onde as implicações financeiras dos entregáveis estão incluídas na lucratividade, retorno do investimento (ROI) e cálculos do valor presente líquido (NPV).

De acordo com Labuschagne e Brent (2005), para que haja o alinhamento das metodologias de gestão de projeto com os princípios do desenvolvimento sustentável, faz-se necessário que as consequências da sustentabilidade dos ativos e dos ciclos de vida do produto sejam consideradas durante o ciclo de vida do projeto, ou seja, a entrega do projeto e o seu entregável estão inter-relacionados.

2.7 PRiSM™ — projetos integrando métodos sustentáveis (projects integrating sustainable methods)

Gestão de projetos trata essencialmente de mudanças. Se alterarmos suavemente a forma como vemos a entrega dos projetos, poderemos alcançar um sistema global que preserve os recursos naturais, impacte positivamente a sociedade e fortaleça a economia global (Global, 2013).

Segundo Global (2013), através da aplicação de uma simples estrutura (*framework*) de métodos sustentáveis alinhados com padrões internacionais, objetivos organizacionais e ética, a gestão de projetos pode entregar maior valor no nível macro.

PRiSM™ (*Projects integrating Sustainable Methods*) é um método de entrega de projeto baseado na sustentabilidade que incorpora ferramentas tangíveis e métodos para gerir o equilíbrio entre recursos finitos, responsabilidade social e entregar resultados verdes (*green*). Foi desenvolvido para as organizações incorporarem processos de projetos com iniciativas da sustentabilidade, de forma a atingir resultados de negócio diminuindo, simultaneamente, o impacto ambiental negativo (Global, 2013).

O PRiSM™ é muito similar aos padrões aceitos globalmente para gestão de projetos profissional — esses padrões são os livros de conhecimento (*books of knowledge*), como são conhecidos pelos gerentes de projeto. PRiSM™ concentra-se em áreas específicas e incorpora as melhores práticas, estabelecendo uma estrutura de considerações derivada da:

- ISO 21500 — Provê diretrizes nos conceitos e processos para a gestão de projetos;
- ISO 14001 — Provê os requisitos e orientações para uso em sistemas de gestão ambiental;
- ISO 26000 — Provê diretrizes sobre responsabilidade social;
- OHSAS 18001 — Provê requisitos de boas práticas em gestão de saúde e segurança ocupacional;
- ISO 31000 — Provê diretrizes para a gestão de riscos;
- ISO 50001 — Provê requisitos com orientações para uso de sistemas de gestão da energia;
- ISO 9001 — Provê os requisitos para sistemas de gestão da qualidade (Global, 2013).

PRiSM™ incorpora uma análise de impacto da sustentabilidade na fase de iniciação do projeto, que alimenta seu Plano de Gestão da Sustentabilidade (SMP). O SMP é gerenciado durante o ciclo de vida do projeto e, na sua conclusão, os aspectos da sustentabilidade do projeto são revistos em uma reunião que inclui também o escritório de sustentabilidade ou CSR (*Corporate Social Responsibility*) da organização (Silvius, 2017).

De acordo com Silvius (2017), uma metodologia específica e nova de gestão sustentável de projeto, como o PRiSM™, não pode ser adotada rapidamente pelo mercado. Entretanto, ela provê um modelo e um número de métodos, ou práticas, que podem inspirar as organizações a incorporar as considerações da sustentabilidade em suas metodologias de gestão de projetos existentes.

O conceito GPM® P5™ ou *People-Planet-Profit-Process-Products* (Pessoas-Planeta-Lucro-Processos-Produtos) expande a teoria para permitir a incorporação da gestão de projetos, e é uma adaptação de uma lista de verificação da sustentabilidade (Figura 8) que foi desenvolvida no *Expert Seminar* do IPMA®, em 2010, com o título "Sobrevivência e Sustentabilidade como desafio para projetos" (*Survival and Sustainability as challenges to projects*) (GLOBAL, 2015).

Conforme o Global (2015), compõem o P5™:

- Cinco elementos mensuráveis para a sustentabilidade
- Cada um medido individualmente e como um pacote completo
- Planeta (aspecto ambiental)
- Pessoas (aspecto social)
- Lucro/"*Profit*" (aspecto financeiro)
- Processos (aspecto de governança)
- Produtos (aspecto técnico)

Figura 8: Lista de verificação para incorporação da sustentabilidade em projetos e gestão de projetos

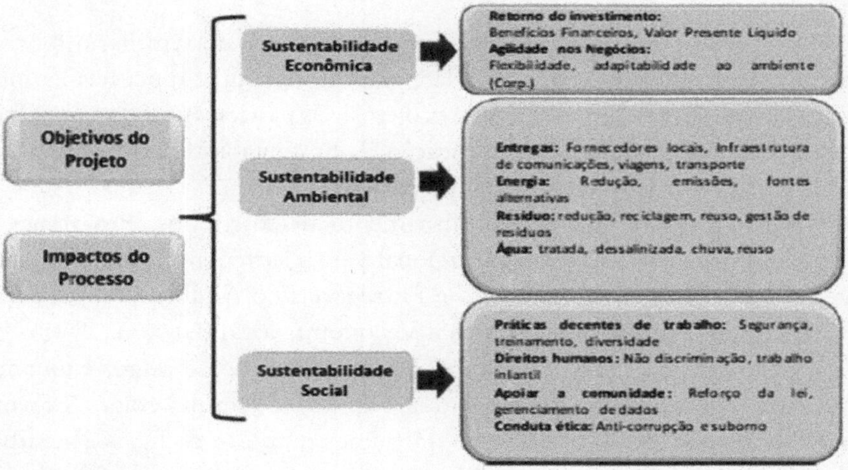

Fonte: GLOBAL, 2015

2.8 GPM® P5™ — padrão para sustentabilidade em gestão de projeto (standard for sustainability in project management)

Um gerente de projeto verde (GPM®) incorpora o compromisso de agir como agente de mudanças, dirigindo esforços para maximizar a sustentabilidade dentro do ciclo de vida do projeto, melhorando a construção e entrega de bens e serviços produzidos como entregáveis do projeto. Um GPM® considera, de forma completa, os impactos ambientais, sociais e econômicos nas funções de gestão de projetos atribuídas, utilizando padrões mensuráveis (GLOBAL, 2015).

O P5™ expande a teoria para permitir a incorporação da sustentabilidade à gestão de projetos e é uma adaptação de uma lista de verificação (*checklist*) da sustentabilidade que foi desenvolvido no "*2010 IPMA® Expert Seminar*", cujo tema foi "Sobrevivência e Sustentabilidade como desafios para projetos" (*Survival and Sustainability as challenges to projects*) (GLOBAL, 2015).

Segundo Global (2019), a versão inicial do P5™ baseou-se em uma combinação dos 10 princípios do "*UN Global Compact*" nas áreas de direitos humanos, trabalho, meio ambiente e anticorrupção, no "*Global Reporting Initiative — GRI G4 reporting framework*". Na versão atual, os direcionadores principais são os ODS.

De acordo com Global (2015), um dos objetivos do seminário foi traduzir os conceitos da sustentabilidade para ferramentas aplicáveis na prática para profissionais de gestão de projetos. Os participantes do seminário desenvolveram uma lista de verificação da Sustentabilidade (*Sustainability Checklist*) para projetos e gerentes de projeto.

O padrão P5™ suporta o alinhamento de Portfólios, Programas e Projetos com a estratégia organizacional para a sustentabilidade e foca no impacto dos Processos do Projeto e Entregáveis no Ambiente e na Sociedade, com o resultado corporativo e a economia local (GLOBAL, 2015).

O padrão P5™ representa uma estrutura que define algo, enquanto uma metodologia é um processo que transforma alguma coisa. A forma mais simples de explicar o P5™ é que ele é composto de ligações entre a abordagem do TBL, processos de projeto e os produtos ou serviços resultantes (GLOBAL, 2015).

O Global (2015) apresenta o P5™ e as linhas de base como:

a. **Social (Pessoas)** — diz respeito aos impactos que o portfólio, o programa e o projeto têm na sociedade e nas comunidades. Seu foco está em operar eticamente e manter benefícios múltiplos no relacionamento com empregados, clientes e comunidades. Os elementos da sustentabilidade estão divididos nas categorias:

práticas de trabalho e trabalho decente (*labor practices and decent work*), sociedade e clientes (*society and customers*), direitos humanos (*human rights*) e comportamento ético (*ethical behavior*).

b. **Meio Ambiente (Planeta)** — diz respeito aos impactos que o portfólio, o programa e o projeto têm nos sistemas naturais vivos e não vivos, incluindo terra, ar, água e ecossistemas, bem como a conservação da diversidade de fauna e flora que vivem nesses ecossistemas. É também o local onde as pessoas vivem, podendo consistir em ruas, subúrbios, cidades ou regiões. Os elementos da sustentabilidade estão divididos nas categorias: transporte, energia, água e consumo.
c. **Econômico (Prosperidade)** — diz respeito aos custos econômicos, benefícios e riscos no portfólio, no programa e no projeto. Para todos os três, as partes interessadas da iniciativa de mudança precisam estar cientes da importância e do fluxo da mudança da saída, da capacidade e do resultado para os eventuais benefícios. O foco é em mudanças que estejam logicamente e sustentavelmente alinhadas com os benefícios e estratégias. Os elementos financeiros permitem o processo de tomada de decisão baseado na sustentabilidade do ponto de vista do portfólio, do programa e do projeto, de forma a maximizar o retorno positivo para o maior número possível.

De acordo com a metodologia PRiSM™, uma análise de impacto P5™ é executada durante a fase de lançamento do projeto. Tem como objetivo definir e priorizar os riscos da sustentabilidade e as oportunidades de um ponto de vista de 360 graus para aprimorar o valor do projeto, o impacto no meio ambiente, na sociedade e na economia e o alinhamento com a estratégia da organização (Global, 2015).

Segundo o Global (2015), são considerados na análise de impacto P5™:

a. **Métodos para executar a análise de impacto P5™** — a forma mais simples de realizar uma análise de impacto P5™ é desenvolvendo um registro de risco utilizando cada elemento, e a forma mais efetiva é utilizando um sistema de pontuação.
b. **P5™ e o Plano de Gestão da Sustentabilidade (SMP)** — o SMP é o documento que transforma os objetivos da sustentabi-

lidade em objetivos do projeto, listando cada item pela sua pontuação inicial, responsabilidade e recomendação para remediação. O P5™ tem papel fundamental no SMP, já que ele provê o critério da sustentabilidade.

c. **P5™ e o relatório de *status* do projeto** — como ferramenta-chave de monitoramento e controle do projeto, o relatório de *status* deverá conter além dos progressos realizados em relação aos principais marcos do projeto, questões correntes e *status*, riscos correntes e como eles estão sendo endereçados e atualização do orçamento e do P5™.
d. **P5™ e a Gestão da Qualidade** — os pontos de convergência da sustentabilidade estão contidos dentro de cada processo de gestão da qualidade, áreas de conhecimento/tema.
e. **P5™ e encerramento do projeto** — são fornecidas informações críticas para auxiliar nas atividades de encerramento do projeto como forma de suportar lições aprendidas para projetos futuros: informação sobre a gestão do produto além do ciclo de vida do projeto; descobertas-chave para suportar o escritório de sustentabilidade nos relatórios de sustentabilidade e a pontuação final para o projeto.
f. **P5™ e o Relatório da Sustentabilidade** — as saídas do P5™ no encerramento do projeto proporcionam informação útil para aumentar os relatórios da sustentabilidade. A inclusão do escritório ou indivíduo responsável pela Responsabilidade Social Corporativa (CSR) nas atividades de encerramento do projeto e relatórios garante que informações valiosas que podem incrementar ou reforçar as iniciativas de sustentabilidade da organização não sejam perdidas ou não divulgadas.

2.9 IPMA ICB® — Base de Competências Individuais (Individual Competence Baseline)

O IPMA ICB® é um padrão global que define competências (conhecimento, capacidades técnicas e habilidades) requeridas por indivíduos que trabalham nas áreas de gestão de projetos, programa e portfólio (IPMA, 2015). Composto por um inventário de competências que um indivíduo necessita ter ou desenvolver para realizar projetos, programas e portfólio com sucesso. Embora a importância das competências varie, dependendo do tipo de projeto ou indústria, o modelo genérico é aplicável a todos os setores e indústrias. As competências estão divididas em três áreas:

- Perspectiva (métodos, ferramentas e práticas, utilizadas para interagir com o ambiente e que as leva a iniciar e suportar projetos, programas e portfólios),
- Pessoas (competências pessoais e interpessoais; e
- Prática (métodos, ferramentas e práticas, utilizados em projetos, programas e portfólios) (IPMA, 2015).

A área de competência Perspectiva trata do contexto do projeto e identifica cinco elementos de competência: estratégia; governança; processos; conformidade e interesses.

A área de competência Pessoas trata das competências pessoais e sociais do indivíduo e identifica 10 elementos de competência: autorreflexão e autogestão; integridade pessoal e confiabilidade; comunicação pessoal; relacionamento e engajamento; liderança; trabalho em equipe; conflito e crise; desenvoltura; negociação; orientação para resultados.

A área de competência Prática trata das principais competências de projeto e identifica 11 elementos de competência: concepção do projeto; escopo; tempo; organização e informação; qualidade; finanças; recursos; compras; planejamento e controle; risco e oportunidades; parte interessada (IPMA, 2015).

Os requisitos da sustentabilidade são tratados na competência Perspectiva, no item: conformidade, padrões e regulamentação, e na competência Pessoas, no item: integridade pessoal e confiabilidade.

A competência "conformidade, padrões e regulamentação" descreve como o indivíduo interpreta e equilibra as restrições internas e externas em uma área, como o país, a companhia ou a indústria. Os indicadores-chave dessa competência para a sustentabilidade são:

1. Identificar e garantir que o projeto está em conformidade com todas as regulamentações relevantes HSSE: saúde, segurança, proteção e ambiental;

2. Identificar e garantir que o projeto está em conformidade com os princípios e objetivos da sustentabilidade (IPMA, 2015).

A competência "integridade pessoal e confiabilidade" descreve os compromissos e responsabilidades do indivíduo para concluir o trabalho. O indicador-chave desta competência para a sustentabilidade é: promover a sustentabilidade de produtos e resultados (IPMA, 2015).

A sustentabilidade pode ser observada em termos de efeitos no meio ambiente quanto à longevidade dos resultados. É atingida pela entrega contínua, monitoramento e uso dos resultados do projeto para governar os objetivos, aumentar o compromisso das pessoas, garantir processos adequados e garantir o uso adequado de recursos (IPMA, 2016).

2.10 PRiSM™, GPM® P5™ e IPMA ICB®

De acordo com Silvius (2017), o novo IPMA ICB®, Base de Competências Individuais (*Individual Competence Baseline*), na sua versão 4 (2015), pode ajudar a mudar a situação atual onde os modelos e estruturas *frameworks* mais utilizados como referência não dão atenção para a questão da sustentabilidade, pois este faz referência direta à sustentabilidade no elemento da competência Perspectiva: conformidade, regulamentações e padrões, que inclui o indicador: identificar e garantir que o projeto está em conformidade com os princípios e objetivos relevantes da sustentabilidade.

Com a referência explícita aos efeitos dos processos e produtos do projeto no meio ambiente e na sociedade, o IPMA ICB4® reconhece a relação entre os projetos e a sustentabilidade e estabelece um papel para o gerente de projetos nessa relação (SILVIUS, 2017).

Conforme Schipper e Silvius (2017), o PRiSM™ adiciona aos processos de gestão de projetos um documento chamado de Plano de Gestão da Sustentabilidade (SMP). O objetivo do SMP é refletir sobre ações específicas a serem tomadas para considerar as perspectivas da sustentabilidade e as ambições da organização e do projeto em questão.

Ainda segundo os autores, as metodologias existentes dificilmente descrevem ou fornecem ferramentas para o time do projeto executar a análise e o desenvolvimento de um plano de gestão da sustentabilidade (SMP).

O PRiSM™ não apresenta nenhum guia adicional, exceto para a aplicação da estrutura de análise do GPM® P5™, que consiste principalmente de um quadro de indicadores da sustentabilidade.

O IPMA (2016) lançou uma atualização do seu padrão de excelência em projetos IPMA PEM®, de forma a garantir e considerar os progressos na gestão de projetos. Desta forma, a partir de agora, todo projeto excelente tem que considerar a sustentabilidade e o meio ambiente em uma perspectiva de longo prazo, não como uma opção, mas sim como pré-requisito. Migrando de práticas passadas que permitiam que cada projeto decidisse o que estava ou não no escopo, para uma que deixa claro que a consideração com a sustentabilidade e o impacto no meio ambiente são pré-requisitos para a excelência do projeto.

A ISO 21505 (International Organization for Standardization, 2017) refere-se, explicitamente, à sustentabilidade e afirma que "A governança de projetos, programa e portfólio deve refletir o compromisso da organização a valores éticos e sustentabilidade" (Silvius, 2017).

Destacamos que, conforme indicado pelos vários autores citados e referenciados, existem metodologias, práticas e estruturas de gestão e padrões de competência para o gerente de projetos que já incluem indicações de como tratar as questões da sustentabilidade em um projeto. Essas referências explícitas à sustentabilidade em projetos devem ser consideradas como um avanço para o pensamento da sustentabilidade na gestão de projetos e o reconhecimento da escola de pensamento da sustentabilidade. Essas se posicionam como agregadoras aos processos e atividades definidos nos corpos de conhecimento, metodologias, práticas e estruturas (*frameworks*) existentes. Há a necessidade de que sejam mais difundidas, de forma a permitir que as organizações passem a incorporar as mesmas aos seus processos até que haja uma adoção total de metodologia de gestão sustentável de projeto.

Observa-se também que esses padrões que já incorporam a sustentabilidade à gestão de projetos ainda estão, de certa forma, restritos, em termos de difusão/disseminação, a um grupo de profissionais que participou de algum treinamento, evento ou está associado ao GPM® ou ao IPMA®. O autor considera que apesar de o PMI® definir o PMBOK® como uma coletânea do conhecimento e das melhores práticas que estão sendo utilizadas pelo conjunto de empresas e profissionais envolvidos com gestão de projetos, e devido à sua penetração e projeção na comunidade e à importância e à dimensão que o tema da sustentabilidade passou a ter, seria oportuno definir a sustentabilidade como a 11ª área de conhecimento para a gestão de projetos e incluí-la na próxima edição do PMBOK®. Esta nova área do conhecimento deveria referenciar, entre outros, as estruturas do GPM® PRiSM™, do GPM® P5™ e do IPMA ICB4®, como exemplos de modelos que podem ser utilizados para o endereçamento das questões da sustentabilidade a gestão de projetos.

2.11 Mapa conceitual (conceitos-chave x subconceitos) da sustentabilidade e a gestão de projetos

As Figuras 9 e 10 apresentam a interligação dos conceitos e subconceitos-chave identificados na literatura existente sobre o tema. A Figura 9 apresenta esses de forma macro, enquanto a Figura 10 apresenta todas as relações existentes. Essas relações iniciam-se com as dimensões do TBL (economia, meio ambiente e sociedade), são a linha de base para incorporar a sustentabilidade à gestão de projetos. O TBL influencia as empresas na adoção e divulgação do Relato Integrado, que demanda o ajuste de políticas e processos para atender aos requisitos da sustentabilidade, vinculando os resultados de sustentabilidade aos financeiros da empresa. O TBL juntamente com o RI e seus capitais (financeiro, manufaturado, intelectual, natural, humano, capital social e de relacionamento) influenciam o ciclo de vida do produto sustentável. As empresas precisam ajustar as suas fases: concepção; projeto; produção/montagem; uso/manutenção; e reutilização/reciclagem, de forma a alinharem-se à sustentabilidade, entregando e divulgando resultados com transparência e fidedignidade.

Para entregar produtos e serviços sustentáveis, as empresas precisam adotar o conceito do projeto sustentável que suporta o ciclo de vida do produto sustentável e é influenciado pelo TBL, pelo RI e pelo seu próprio ciclo de vida. O conceito de projeto sustentável irá alinhar-se, promover, influenciar, maximizar e garantir que as fases do ciclo de vida do produto sustentável sejam executadas e concluídas atendendo aos requisitos da sustentabilidade.

O conceito de fatores críticos de sucesso do projeto, que tradicionalmente incluía o atendimento a questões de: tempo, custo, escopo, qualidade, riscos e performance planejados, precisam incorporar o atendimento às questões da sustentabilidade, agregando os requisitos de pessoas (impacto no cliente e impacto no time), planeta (sustentabilidade), prosperidade (sucesso no negócio), processos e produtos (preparação para o futuro).

Na Figura 11, apresenta-se uma ampliação (*zoom*) da interligação dos conceitos de projeto sustentável com os conceitos de PRiSM™, GPM® P5™, IPMA ICB® e ciclo de vida do produto sustentável. O conceito de projeto sustentável, de acordo com Silvius e Schipper (2014), demanda a utilização de práticas que assegurem a entrega do projeto pelas práticas do TBL, durante todo o ciclo de vida. Essas práticas podem ser suportadas pela utilização dos conceitos combinados do PRiSM™, do GPM® P5™ e do IPMA ICB®, de forma a alinhar, direcionar e suportar as práticas sustentáveis.

O conceito de projeto sustentável tem relação com o subconceito da cadeia de suprimentos sustentável. De acordo com Silvius e Schipper, (2014) e Brent e Labuschagne, (2006), a cadeia de suprimentos do projeto precisa ser considerada, incluindo o ciclo de vida de qualquer resultado que o projeto realize e o ciclo de vida dos recursos utilizados na realização do resultado.

Glass (2012) chama a atenção para o desafio e a necessidade de mapear, capturar e comunicar informações da cadeia de suprimentos para garantia de que seus impactos estarão listados.

É necessário construir uma cadeia de suprimentos sustentável, onde a seleção será de fornecedores que levam em consideração os aspectos da sustentabilidade, ou seja, aqueles que adotam práticas verdes, estejam alinhados com a qualidade e os riscos envolvidos nos insumos e materiais fornecidos. Azevedo e Barros (2017), Carvalho e Rabechini (2017) definem esse conceito como parceria verde/ecológica (*Green Procurement and Partnership* [GPP]).

De acordo com Elkington (1998), quando são incorporados igualmente os três pilares da sustentabilidade — economia, meio ambiente e sociedade — à gestão da cadeia de suprimentos, o termo Gestão da Cadeia de Suprimentos Sustentável (SSCM) é utilizado.

Deve ser considerado, para a sustentabilidade alcançar o TBL, segundo Badurdeen *et al.* (2009), um foco mais amplo na vida dos produtos além de seu uso produtivo. Devem também ser exploradas a recuperação e a reutilização do produto em fim de vida útil para um fluxo quase perpétuo de material por vários ciclos. Para atingir essas e outras metas de fluxo de material (SSCM) em circuito fechado para o desenvolvimento sustentável, será exigido um alto grau de inovação em produtos e processos e considerar todos os quatro estágios do ciclo de vida do produto — pré-fabricação, fabricação, uso e pós-uso — por meio de uma abordagem 6R.

Segundo Westkamper, Alting e Arndt (2001), o LCM é uma condição prévia para o desenvolvimento sustentável, pois aumenta a eficiência de produtos para todo o ciclo de vida, minimiza o custo total e maximiza os benefícios, proporcionando menores impactos ecológicos através de aumento da funcionalidade, correspondendo à ideia de sustentabilidade.

O conceito de projeto sustentável está alinhado ao conceito de ciclo de vida do produto sustentável. A cadeia de compras sustentável precisa ser considerada nas fases de concepção, projeto e produção do produto. Os processos de gestão do projeto verde deverão ser considerados na fase de concepção, estar alinhados à fase de projeto, adequados à fase de produção/montagem e aumentar a eficiência na fase de uso/manutenção do produto. Os ciclos de vida do produto e do projeto precisam ser considerados na fase de concepção, na fase de projeto, precisam influenciar a fase de produção/montagem, maximizar a fase de uso/manutenção e promover a reutilização/reciclagem do produto.

> Uma economia circular descreve um sistema econômico que é baseado em modelos de negócio, os quais substituem o conceito de fim de vida, com a redução, alternativamente o reuso, reciclagem e recuperação de materiais nos processos de produção/distribuição e consumo, operando assim no nível micro (produtos, empresas e consumidores), no nível meso (parques industriais) e nível macro (cidade, região, nação, e além), com o objetivo de atingir o desenvolvimento sustentável, que implica na criação de qualidade ambiental, prosperidade econômica e igualdade social, para o benefício das gerações correntes e futuras (KIRCHHERR; REIKE; HEKKERT, 2017, p. 224).

Alinhando o conceito de projeto sustentável ao conceito de ciclo de vida do produto sustentável, este se consolida com o conceito de economia circular, onde precisamos atingir um ou vários ciclos de vida de projeto e produto de forma a eliminar/reduzir impactos ambientais, reduzir o consumo de matéria-prima, através do reuso desta nos vários ciclos de vida, eliminando o fim de vida do produto, buscando um processo de ciclo fechado e perpétuo.

Figura 9: Mapa Conceitual Geral

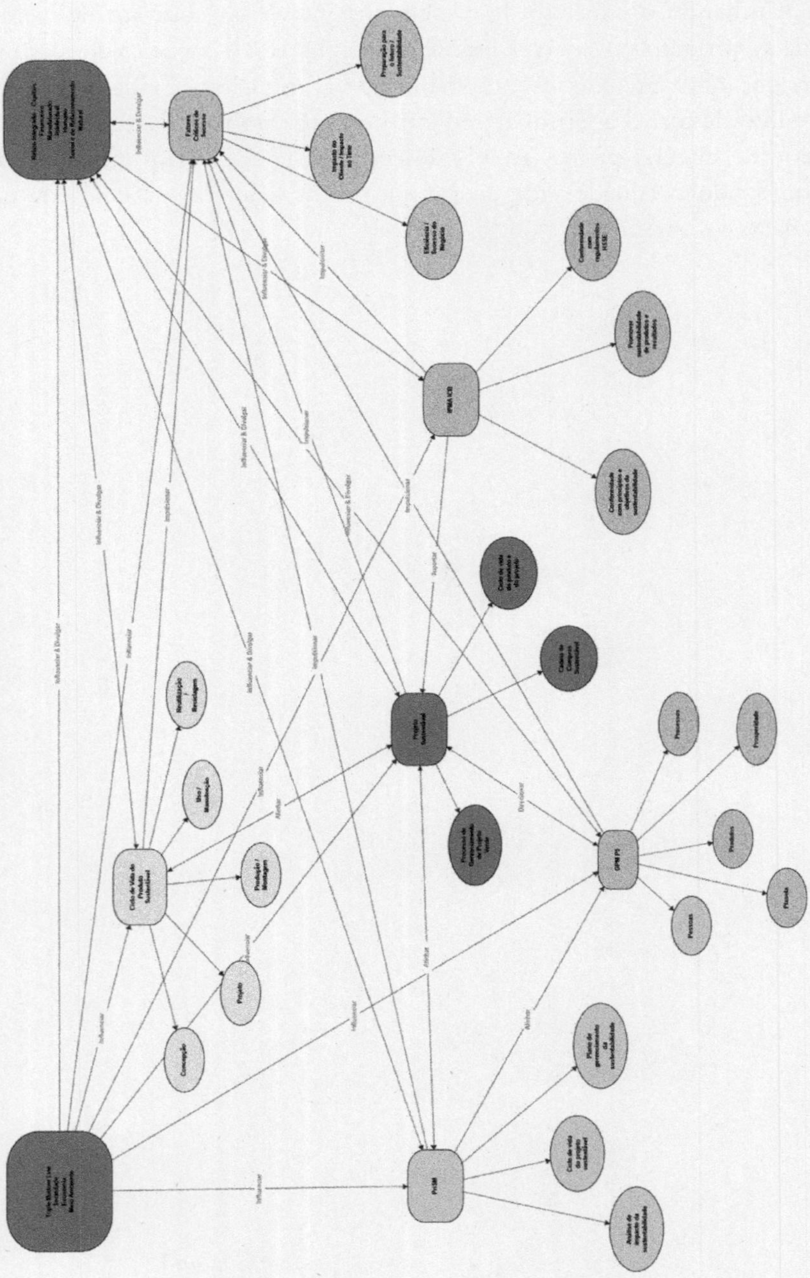

Fonte: Elaborado pelo autor

Figura 10: Mapa Conceitual detalhado

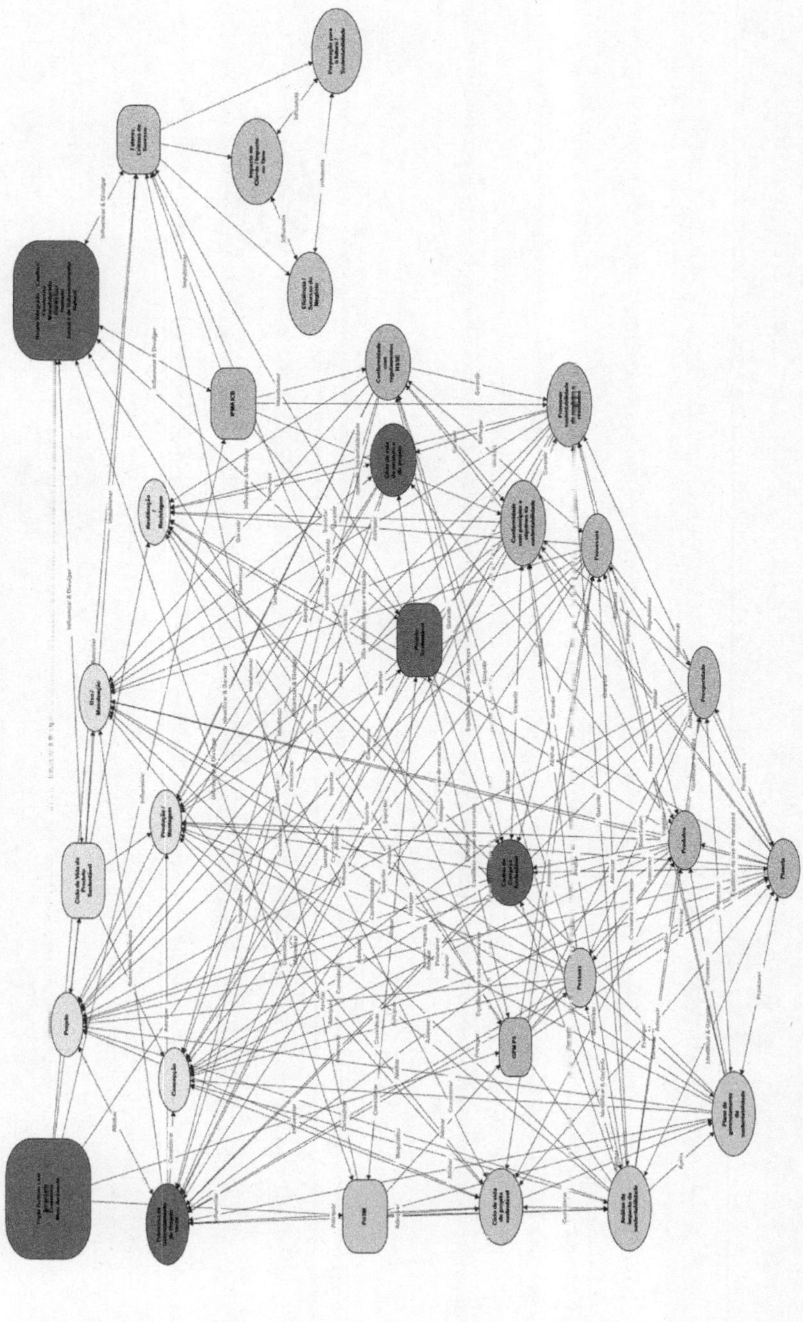

Fonte: Elaborado pelo autor

Figura 11: Mapa Conceitual Métodos Sustentáveis

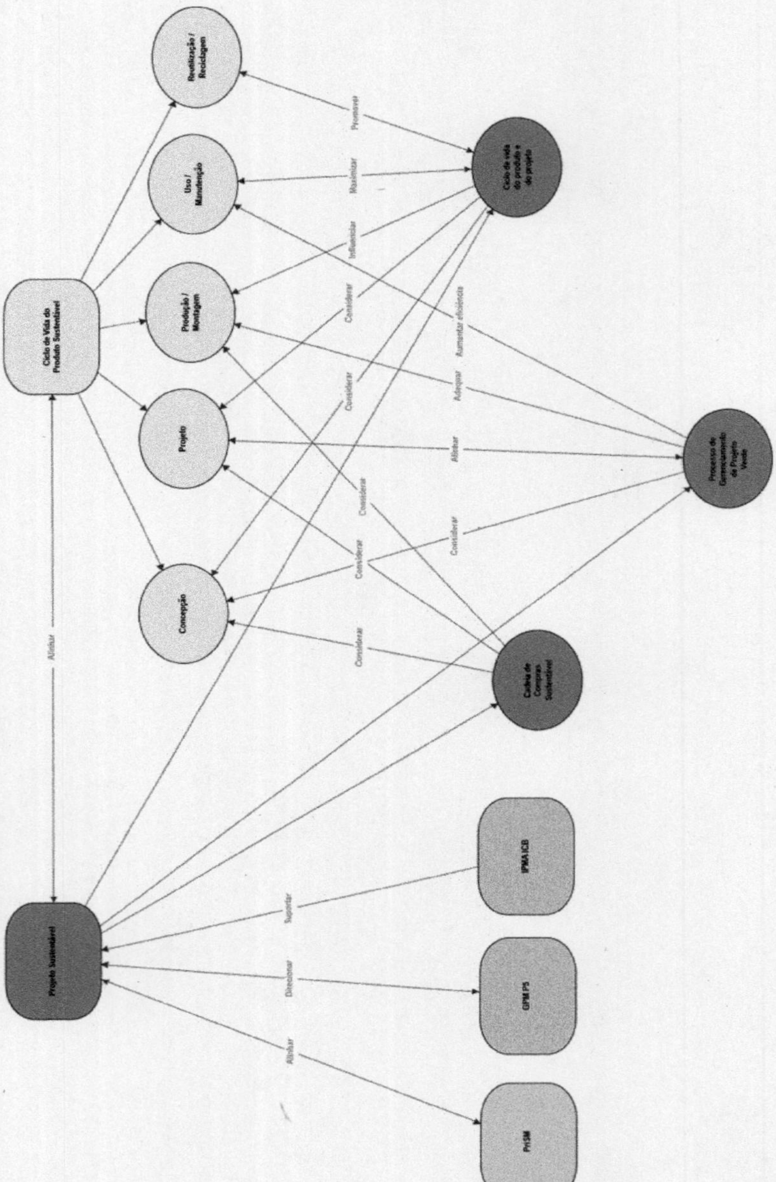

Fonte: Elaborado pelo autor

Com o objetivo de enriquecer este trabalho, foram convidados para uma entrevista profissionais com experiência superior a 10 anos na gestão ou acompanhamento da execução de projetos, em diversas áreas de especialidade, no Brasil e no exterior. Foram realizadas ao todo entrevistas com 11 profissionais, conforme ilustrado no Quadro 1, pertencentes às seguintes categorias:

- Gerência de Projetos na Indústria de Petróleo
- Gerência de Projetos de TI e Telecomunicações
- Ensino de Metodologias de Gestão de Projetos
- Gerência de Projetos na Indústria Naval
- Gerência de Projetos na indústria de Energia Limpa
- Gerência de Projetos na Engenharia Civil
- Gestão de Projetos Educacionais

Quadro 1: Perfil dos especialistas entrevistados

Identificação	Experiência (anos)	Função	Organização	Natureza dos projetos
Entrevistado 1	35	Project Manager	Manufatura	Petróleo
Entrevistado 2	42	Project Manager	Manufatura	Petróleo
Entrevistado 3	30	Acadêmico	Universidade	Educação
Entrevistado 4	34	Project Manager	Serviços	Energia
Entrevistado 5	33	Project Manager	Serviços	TI & Telecom
Entrevistado 6	40	Project Manager	Manufatura	Construção Naval
Entrevistado 7	24	Project Manager	Engenharia	Construção Civil
Entrevistado 8	19	Project Manager	Governo	TI & Telecom
Entrevistado 9	26	Project Manager	Consultoria	Educação
Entrevistado 10	41	Project Manager	Serviços	Energia
Entrevistado 11	33	Project Manager	Serviços	Energia

Fonte: Elaborado pelo autor

Após criteriosa análise dos resultados das entrevistas, determinaram-se cinco categorias que refletem adequadamente as respostas às duas questões fornecidas pelos participantes, conforme apresentado nos Quadros 2 e 3:

Quadro 2: Fatores para o projeto ser sustentável

Pessoas	Gerenciamento do Projeto	Empresa	Atender aos princípios *Green*	Governo
Organicidade	Novas tecnologias	Direcionamento estratégico	Planejamento & detalhamento	Globalização
Equipe multidisciplinar	Gerenciamento de Riscos	Políticas & Processos	Gerar prosperidade	Direcionamento Governamental
Engajamento & Comprometimento	Concluir o escopo	Cultura		Atender a regulamentação
Características	Completar no prazo			
Capacitação	Completar no custo planejado			
	Compensação ambiental			
	Atender aos requisitos da Qualidade			
	Atender ao lado econômico x sociocultural			

Fonte: Entrevistas com especialistas

Quadro 3: Fatores para o projeto não ser sustentável

Pessoas	Falha no Gerenciamento do Projeto	Empresa	Não atender aos princípios *Green*	Governo
Falta de Engajamento e Comprometimento	Ultrapassar o prazo estimado	Discurso desalinhado com a prática	Não gerar prosperidade	Regulamentação falha ou inexistente
Falta de Cultura	Ultrapassar o custo estimado	Falta de maturidade no mercado	Falta de processos	Ineficiência da Tecnologia disponível
Falta de Capacitação	Não concluir o escopo			
Confiança	Falha no planejamento e detalhamento			
	Falha na gestão de riscos			
	Falha na execução			
	Falha na medição dos resultados			

Fonte: Entrevistas com especialistas

Na interpretação das respostas das entrevistas, percebe-se que, na sua maioria, os especialistas concordam que um projeto, para ser sustentável, tem que atender não só ao lado econômico do projeto e/ou negócio (concluindo o projeto no tempo, custo, qualidade e escopo planejados), mas também levar em consideração o padrão GPM® P5™ (Pessoas, Planeta, Prosperidade, Processos e Produtos) apresentado na contextualização para a entrevista. Eles também concordam que as empresas se acomodam dependendo do mercado onde estão inseridas, afrouxando ou apertando os controles segundo a competitividade e/ou regulamentação vigente.

Pontos importantes em comum indicados pelos especialistas, tanto para o sucesso (atendimento desses pontos), como para o fracasso (não atendimento dos mesmos pontos) de um projeto sustentável:

1. Pessoas — Capacitação, comprometimento e organicidade.
2. Gestão de projetos — Condução segundo melhores práticas.

3. Empresas — Estratégia, cultura e processos.
4. Princípios *Green* — Incluídos no planejamento e geração de benefícios.
5. Governo — Direcionamento estratégico e regulamentação.

Os especialistas consideram que a sustentabilidade em projetos, de acordo com o GPM® P5™, em empresas que atuam no Brasil, é tratada como secundária ou acessória, e não como uma premissa ou diretriz, e que muitas vezes faz parte do discurso, mas não da prática. Consideram a inclusão de compensação ambiental ou ação social como atingimento da sustentabilidade devido a algum impacto que o projeto irá e/ou poderá criar. Nas empresas pertencentes a segmentos de indústrias onde existe uma consciência de risco ambiental maior, o que existe em relação à sustentabilidade é a utilização de processos de gestão de riscos ambientais. A postura desta mesma empresa multinacional é diferente na Europa e nos Estados Unidos.

Consideram também que as regras vigentes, em um mercado que não está maduro em relação à sustentabilidade, pressionam para que a inclusão do GPM® P5™ seja secundária, pois irá influenciar o lado econômico do projeto, fazendo com que uma empresa perca competitividade, pois não conseguirá viabilizar o equilíbrio econômico-financeiro do projeto perante a concorrência.

Outro ponto que se destaca nas opiniões dos especialistas é que para o atingimento da maturidade em sustentabilidade, é necessária uma forte mudança cultural da sociedade, para que os governos tratem a questão da sustentabilidade como um direcionamento global, partindo de cada nação, definindo regulamentações e criando incentivos para que as empresas se estabeleçam e atuem de forma sustentável.

Conclui-se que para que a evolução com relação à sustentabilidade em projetos seja globalizada, faz-se necessária uma gestão governamental estratégica que inclua a visão da sustentabilidade nas suas ações e direcionamentos, envolvendo a sociedade e incentivando para que as empresas tornem a sustentabilidade base da sua cultura e das suas estratégias.

A importância de ter pessoas comprometidas, competentes, capacitadas e engajadas passa pela necessidade de uma mudança cultural (conhecimentos) na sociedade e nas empresas, aparecendo os itens pessoas, cultura e empresas como lacunas existentes em fatores críticos para a sustentabilidade em projetos.

Partindo do modelo gerado e de hipóteses definidas, foi realizado o desenvolvimento de um instrumento para coleta de dados com aplicação de questionário (*survey*) onde os respondentes atribuem classificações de forma independente às perguntas, sem apoio direto e presencial, utilizando uma plataforma *online*, o *SurveyMonkey*. Para validar as hipóteses do modelo, foram geradas assertivas associadas aos construtos definidos nele próprio. As assertivas foram incluídas no questionário enviado para profissionais da área de gestão de projetos via *e-mail*, *Linkedln*, *Facebook*, *Messenger*, *WhatsApp*, *PMI.org*, *Chapters* PMI®, no Brasil e em diversos países, IPMA®, grupos de profissionais nos Estados Unidos e Europa (com ajuda dos pesquisadores da Universidade do Minho). O instrumento de pesquisa foi gerado com versões em português e inglês.

O questionário foi construído com perguntas estruturadas em formato de escala. Segundo Malhotra (2006), uma pergunta estruturada é aquela que pré-especifica o conjunto de respostas alternativas, assim como o formato das respostas possíveis.

Para os rótulos extremos da escala, seguiu-se a nomenclatura adotada na escala de Likert, que mede o grau de concordância dos respondentes em relação a cada afirmação apresentada (Cooper; Schindler, 2003). Na elaboração do questionário adotou-se como extremos da escala "discordo totalmente" e "concordo totalmente".

A escala de cinco pontos foi escolhida para a pesquisa por ser requerida pela modelagem de equações estruturais (SEM) para validar as respostas.

O questionário foi desenvolvido e publicado no *site* da plataforma *SurveyMonkey* (http://pt.surveymonkey.com), pois foi identificada como a ferramenta mais adequada para as características do instrumento e por oferecer uma base para construção e coleta dos dados *online*.

Realizou-se um piloto do questionário, com seis especialistas em gestão de projetos, com o objetivo de garantir a sua compreensão e validação pelos respondentes, e o teste dos resultados coletados. Dessa forma buscou--se eliminar dúvidas e incompreensões, colhendo os *feedbacks* e fazendo ajustes no instrumento, de modo a potencializar a validade das respostas a serem obtidas a partir do questionário elaborado.

2.11.1 Modelagem de equações estruturais — SEM

Para realizar o tratamento adequado dos dados, decidiu-se pela utilização da Modelagem de Equações Estruturais. Utilizou-se a abreviação SEM (em inglês *Structural Equation Modeling*) para referência a essa técnica neste estudo. Essa metodologia é identificada como análise multivariada e é geralmente expressa em modelos lineares que incluem erros de medida que são associados às variáveis identificadas ou estabelecidas no modelo. A necessidade de se estudar temas complexos compreendendo a existência de várias relações entre inúmeras variáveis faz com que essa metodologia tenha ganho relevância nas ciências exatas e sociais, fundamentando-se uma metodologia estatística com forte aceitação na comunidade científica. Essa é uma metodologia muito robusta, que também é identificada como análise multivariada, geralmente expressa em modelos lineares, que incluem erros de medida associados com as variáveis estabelecidas no modelo (CASTRO, 2018; WESTLAND, 2010).

A análise para este trabalho utilizou: Análise Fatorial Confirmatória (AFC), para análise do modelo de medida e modelo estrutural. Bollen (1989) e Hoyle (1995) afirmam que a metodologia SEM é estabelecida por dois modelos: Modelo de Medida e Modelo Estrutural. O Modelo de Medida (MM) estabelece o relacionamento entre os construtos e suas variáveis manifestas, no qual o construto é formado pelas variáveis manifestas através da realização da AFC, que calcula e especifica como os construtos são medidos a partir das variáveis manifestas. O Modelo Estrutural (ME) define o relacionamento entre os construtos exógenos e endógenos, estabelecendo a influência (direta ou indireta) que os construtos exógenos aplicam nos construtos endógenos. O *software* IBM SPSS Amos, versão 24, da IBM Corp. 2016, foi utilizado como suporte ao desenvolvimento desta fase da análise.

Segundo Marôco (2010), dentre as diversas vantagens apresentadas pelo SEM, uma é testar o ajustamento global de modelos e a significância individual dos parâmetros num enquadramento teórico, compreendendo diversos métodos estatísticos num único método estatístico multivariado.

2.11.2 Especificação do modelo de projeto sustentável segundo a modelagem de equações estruturais — SEM

Com base na técnica SEM que foi o instrumento utilizado para análise do modelo de projeto sustentável, apresentado no item 1.2 — Modelo para integração da sustentabilidade na gestão de projetos, especificou-se o modelo apresentado na Figura 12 para validação das variáveis e hipóteses que o influenciam.

Define-se num primeiro nível dois tipos de variáveis: variáveis manifestas e variáveis latentes. As variáveis manifestas, ou variáveis observadas, são variáveis medidas diretamente, de forma que são obtidas com informações diretas da ferramenta de recolhimento de dados (como exemplo, um questionário). Variáveis latentes, ou construtos, são variáveis obtidas por sugestão das variáveis manifestas e não por medição direta, ou seja, para obtenção dos dados dos construtos deve-se ter os dados do conjunto de variáveis manifestas (Castro, 2018).

As variáveis exógenas são aquelas variáveis que apenas dependem de influência externa do modelo, ou seja, as demais variáveis do modelo não exercem qualquer influência nestas variáveis, sendo totalmente independentes. As variáveis endógenas são o inverso das exógenas, significando que estas variáveis estão diretamente influenciadas por diversas variáveis existentes no modelo teórico definido, tornando-se dependentes da variação de diversas variáveis (Castro, 2018).

Baseado nos achados resultantes da pesquisa exploratória e da revisão da literatura realizadas, definiu-se um conjunto de variáveis manifestas que suportam e foram consideradas no objetivo deste estudo. Essas variáveis e seu referencial teórico serão apresentados no Quadro 4.

Figura 12: Modelo Estrutural (ME)

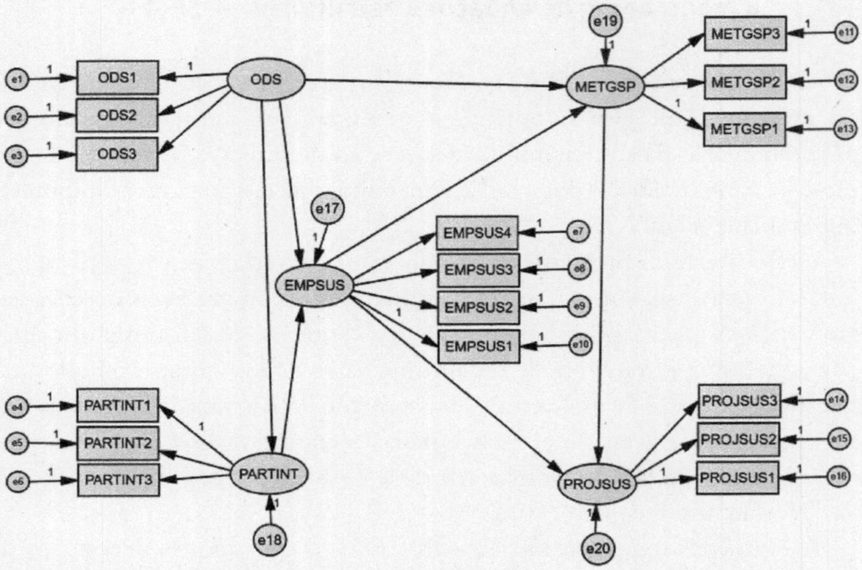

Fonte: Elaborado pelo autor, com o uso do *software* IBM SPSS Amos

Quadro 4: Construtos e variáveis manifestas

Construtos	Variáveis Manifestas	Referências
Exógenos		
Objetivos do Desenvolvimento Sustentável (ODS — ξ_1)	Políticas Públicas (ODS1)	(Westkamper, Alting e Arndt, 2001) (Rumaithi e Beheiry, 2016) (Kuei *et al.*, 2015) (Boston Consulting Group, 2019) (Banihashemi *et al.*, 2017) (Pesquisa de campo com especialistas, 2018)
	Mobilização dos Governos (ODS2)	(Rumaithi e Beheiry, 2016) (Pesquisa de campo com especialistas, 2018) (United Nations, 2015) (Pesquisa de campo com especialistas, 2018)
	Postura das Empresas (ODS3)	(KPMG, 2017) (Banihashemi *et al.*, 2017) (Pesquisa de campo com especialistas, 2018)

Endógenos		
Partes Interessadas (PARTINT — η_1)	Exigência de regulação pelas empresas (PARTINT1)	(Banihashemi *et al.*, 2017) (Arts e Faith-Ell, 2012) (Lenferink e Tillema, 2013) (Commission of the European Communities, 2004) (Russel, 2017)
	Ações das Partes Interessadas (PARTINT2)	(Wieland e Fitzgibbons, 2013) (KPMG, 2017) (United Nations, 2015) (Pesquisa de campo com especialistas, 2018)
	Influência de cadeia de suprimentos sustentável (PARTINT3)	(Prieto-Sandoval *et al.*, 2018) (Silvius e Schipper, 2014) (Brent e Labuschagne, 2006) (Arts e Faith-Ell, 2012) (Lenferink e Tillema, 2013) (Commission of the European Communities, 2004) (Russel, 2017) (Pesquisa de campo com especialistas, 2018)
Empresas Sustentáveis (EMPSUS — η_2)	Cultura alinhada aos ODS (EMPSUS1)	(United Nations, 2015) (Pesquisa de campo com especialistas, 2018)
	Cobranças das partes interessadas (EMPSUS2)	(Silvius e Schipper, 2014) (Brent e Labuschagne, 2006) (Kuei *et al.*, 2015) (Pesquisa de campo com especialistas, 2018)
	Adoção de metodologia de gestão sustentável de projeto (EMPSUS3)	(Martens e Carvalho, 2016) (Silvius e Schipper, 2016) (Silvius, 2017) (Global, 2013) (Global, 2015) (Global, 2019) (Pesquisa de campo com especialistas, 2018)
	Regulamentações fracas ou inexistentes (EMPSUS4)	(Boston Consulting Group, 2019) (Westkamper, Alting e Arndt, 2001) (Rumaithi e Beheiry, 2016) (Pesquisa de campo com especialistas, 2018)

<table>
<tr><td rowspan="3">Metodologia de Gestão Sustentável de Projeto (METGSP — η_3)</td><td>Influência dos ODS (METGSP1)</td><td>(United Nations, 2015) (Labuschagne e Brent, 2006) (Silvius e Schipper, 2014) (Silvius et al., 2017) (Global, 2013) (Global, 2015) (Global, 2019)</td></tr>
<tr><td>Inclusão de processos para a sustentabilidade (METGSP2)</td><td>(Westkamper, Alting e Arndt, 2001) (Kivilä, Martinsuo e Vuorinen, 2017) (Yu, Miao et al., 2018) (Carvalho e Rabechini, 2017) (Silvius 2017) (Labuschagne e Brent, 2005) (Silvius e Schipper 2014) (Global, 2013) (Global, 2015) (Global, 2019) (IPMA, 2015) (Pesquisa de campo com especialistas, 2018)</td></tr>
<tr><td>Inclusão de elementos mensuráveis do TBL (METGSP3)</td><td>(Kivilä, Martinsuo e Vuorinen, 2017) (Yu, Miao et al., 2018) (Carvalho e Rabechini, 2017) (Silvius 2017) (Labuschagne e Brent 2005) (Silvius and Schipper 2014) (Global, 2013) (Global, 2015) (Global, 2019) (IPMA, 2015)</td></tr>
<tr><td rowspan="3">Projeto Sustentável (PROJSUS — η_4)</td><td>Divulgação e aplicação de metodologia de gestão sustentável de projeto (PROJSUS1)</td><td>(Wieland e Fitzgibbons, 2013) (IPMA, 2015) (IPMA, 2016)</td></tr>
<tr><td>Inclusão do TBL como fator crítico de sucesso (PROJSUS2)</td><td>(Lapinski, Horman, e Riley, 2006) (Zidane et al., 2015); (Carvalho e Rabechini, 2017) (Schipper e Silvius, 2017) (Silvius e Schipper, 2016) (Global, 2013) (Global, 2015) (Global, 2019) (IPMA, 2015) (IPMA, 2016)</td></tr>
<tr><td>Padronização de modelos e frameworks para a gestão sustentável de projeto (PROJSUS3)</td><td>(Silvius e Schipper, 2010) (Gareis et al., 2010) (Global, 2013) (Global, 2015) (Global, 2019) (IPMA, 2015) (IPMA, 2016) (Westkamper, Alting e Arndt, 2001) (Eid, 2009) (Silvius, 2015) (Martens e Carvalho, 2016)</td></tr>
</table>

Fonte: Elaborado pelo autor

Para realizar o enquadramento combinatório, estabeleceu-se como variável independente (construto exógeno) "Objetivos do Desenvolvimento Sustentável" (ODS — $\xi 1$) e como variáveis dependentes (construtos endógenos): "Partes Interessadas" (PARTINT — $\eta 1$), "Empresas Sustentáveis" (EMPSUS — $\eta 2$), "Metodologia de Gestão Sustentável de Projeto" (METGSP — $\eta 3$) e "Projeto Sustentável" (PROJSUS — $\eta 4$), sendo que Projeto Sustentável forma a dependência de último nível, pois esta é a variável que compõe o objetivo central deste estudo.

Devido ao enquadramento do presente estudo da incorporação da sustentabilidade à gestão de projetos, foi definido o modelo de avaliação que identifica o modelo teórico que caracterizará o objetivo principal deste estudo, que é estruturar um modelo de gestão sustentável de projetos.

Estabeleceram-se as seguintes relações causais no modelo:

- Existe relação entre Objetivos do Desenvolvimento Sustentável (ODS) e Partes Interessadas (PartInt) — (γ_{11});
- Existe relação entre Objetivos do Desenvolvimento Sustentável (ODS) e Empresas Sustentáveis (EmpSus) — (γ_{21});
- Existe relação entre Objetivos do Desenvolvimento Sustentável (ODS) e Metodologia de Gestão Sustentável de Projetos (MetGPS) — (γ_{31});
- Existe relação entre Partes Interessadas (PartInt) e Empresas Sustentáveis (EmpSus) — (β_{21});
- Existe relação entre Empresas Sustentáveis (EmpSus) e Metodologia de Gestão Sustentável de Projetos (MetGPS) — (β_{32});
- Existe relação entre Empresas Sustentáveis (EmpSus) e Projeto Sustentável (ProjSus) — (β_{42});
- Existe relação entre a Metodologia de Gestão Sustentável de Projeto (MetGPS) e Projeto Sustentável (ProjSus) — (β_{43}).

2.11.3 Pesquisa quantitativa — *survey*

A técnica de modelagem estatística multivariada SEM, com a aplicação da análise fatorial confirmatória, foi utilizada para tratar os dados coletados no *survey*.

Segundo Hair *et al.* (2009), Modelagem de Equações Estruturais é uma técnica bastante robusta, também identificada como análise multivariada, que permite separar relacionamentos para cada variável dependente. A modelagem de equações estruturais proporciona a técnica de estimação apropriada e mais eficiente para uma série de equações de regressões múltiplas estimadas simultaneamente.

Bollen (1989), Hair *et al.* (2009) e Hoyle (1995) apresentam a metodologia SEM como sendo caracterizada por dois componentes básicos: Modelo de Medida (MM) e Modelo Estrutural (ME).

> O Modelo de Medida estabelece o relacionamento entre os construtos e as suas variáveis manifestas, no qual, o construto é formado pelas variáveis manifestas através da concretização da Análise Fatorial Confirmatória (AFC), que calcula e especifica como os construtos são medidos a partir das variáveis manifestas (Varela *et al.*, 2019, p.8).

> O Modelo de Medida (MM) especifica o Modelo Estrutural (ME) conectando as variáveis latentes a uma ou mais medidas ou variáveis observadas. A variável latente é a representação formal de um conceito. O modelo de medida descreve a relação entre a medida e as variáveis latentes. Esta relação pode ser em uma equação ou em um diagrama de caminho (Bollen, 1989, p.182).

"O Modelo Estrutural (ME) define o relacionamento entre os construtos exógenos e endógenos, estabelecendo a influência (direta ou indireta) que o construto exógeno aplica no construto endógeno" (Varela *et al.*, 2019, p.8).

De acordo com Anderson e Weitz (1989), para a metodologia SEM, a dimensão da amostra estabelece a estimativa do erro da amostragem. Como essa tarefa é sensível e crítica, requer o estabelecimento de uma dimensão mínima a ser analisada.

A Análise Fatorial Combinatória demanda quantidade expressiva de dados, a fim de que o modelo fatorial chegue a uma solução única. Na verdade, há uma recomendação para que se tenham entre 10 e 15 respondentes para cada indicador incluído na pesquisa (Hair Jr. *et al.*, 1998).

Cawstro (2018) afirma que é comum encontrar regras que mencionam que para obter a dimensão mínima de determinada amostra, deve-se recolher entre 5 ou 10 questões por variável manifesta.

De acordo com Maccallum, Browne e Sugawara (1996), Velicer e Fava (1998) e Westland (2010), essa regra linear já foi amplamente reconhecida, tornando-se, então, insuficiente e desviante para avaliar o ajustamento do modelo e a adequabilidade do tamanho da amostra.

Westland (2010) definiu uma regra em que se obtém o número mínimo da amostra (n) a partir da Equação (1), essa determina o número mínimo da amostra, onde r é a divisão do número de variáveis manifestas pelo número total de construtos.

$$n \geq 50r^2 - 450r + 1100 \quad (1)$$

Aplicando-se a equação ao modelo de projeto sustentável, obtém-se o seguinte resultado:

$$r = \frac{Variáveis\ manifestas}{Construtos} \Leftrightarrow r = \Leftrightarrow r = 3{,}2 \Leftrightarrow 3$$

$$\text{Sendo } r = 4 \Leftrightarrow n = 50 \times 3^2 - 450 \times 3 + 1100 \Leftrightarrow n = 200$$

$$\text{Sendo } n = 200 < \text{Amostra} = 404 \text{ respostas}$$

$$\therefore \text{Dimensão da amostra é válida}$$

3. Instrumentos de Pesquisa

3.1 Questionário — *survey*

Considerando os construtos e variáveis manifestas relativas a estes, foi desenvolvido o questionário utilizado no *survey*, para o qual foram geradas 16 afirmativas distribuídas às variáveis e associadas às sete hipóteses do modelo. Foram coletadas 404 respostas completas e válidas de um total de 460 respostas obtidas. Para responder ao *survey*, o respondente teve que marcar em uma escala Likert de 5 pontos, na qual 1 (menor valor), em que o respondente discorda totalmente da afirmação, e 5 (maior valor), em que o respondente concorda completamente com esta.

De acordo com Hair Jr. *et al.* (2009), modelos SEM contendo cinco ou menos construtos cada, com mais de três itens (variáveis observadas) e com alto grau de convergência (0.6 ou mais), podem ser estimados adequadamente com pequenas amostras como 100-150.

Segundo Anderson (1989), o tamanho da amostra é um aspecto crítico a ser considerado e deve ser estabelecido um valor mínimo. Conforme a regra de Westland (2010) apresentada anteriormente, a amostra mínima considerada e obtida para esta pesquisa é 200. Como a amostra obtida foi de 404 repostas validadas, esta atendeu ao requerimento.

Com relação ao perfil dos respondentes do *survey*, quanto ao maior grau de escolaridade concluído, 68% têm pós-graduação: 8% doutorado, 30% mestrado e 30% possuem MBA. Relativo à posição que ocupam/ocuparam na estrutura da empresa: 27% posição executiva/estratégica e 51% posição de coordenador/gerente. Com respeito ao tamanho da empresa: 67% trabalham/trabalharam em empresa de grande porte e 16% em uma empresa de médio porte. Relativo ao segmento da indústria: 20% são da área de TI, Telecomunicações e Mídia, 13% Educação, 11% Consultoria, 10% Manufatura, 10% Financeira e Seguros, 10% Comércio e Serviços e 8% Arquitetura, Engenharia e Construção. Com respeito a possuir alguma certificação em gestão de projetos: 53,2% não possuem nenhuma, 28,7% têm certificação PMI-PMP®, 5% PRINCE 2®, 5% IPMA ICB® e 3,7% GPM® P5™. Além disso, 51% trabalham/trabalharam na América Latina, 32% na América do Norte e 8% na Europa. Finalmente, em relação ao tempo de experiência profissional em anos: 68% possuem mais de 10 anos, 9% 5-8 anos, 8% 8-10 anos e 8% 3-5 anos.

4. Análise dos Resultados

Neste capítulo serão apresentados e analisados todos os resultados da pesquisa quantitativa *survey,* demonstrando os achados da pesquisa.

Segundo Castro (2018), existem vários *softwares* para aplicação do SEM. Dentre eles, os mais utilizados e conhecidos, LISREL (*Linear Structural Relations*), AMOS, EQS, Mplus e Lavaan, são *softwares* que utilizam métodos baseados na minimização da diferença entre a matriz das covariâncias ou correlações da amostra e a matriz correspondente do modelo teórico.

Utilizou-se o *software* IBM SPSS Amos, versão 24 (IBM Corp., 2016[a]), pois este apresenta-se como um dos mais conceituados *softwares* de SEM e devido à existência de uma licença deste na Universidade do Minho (e a análise foi realizada durante o período do estágio sanduíche do autor nessa instituição).

4.1 Modelos de avaliação SEM

Na Figura 14 é apresentado o modelo de medida (MM) e na Figura 15 o modelo estrutural (ME) utilizados, construídos por intermédio do *software* IBM SPSS Amos. Quatro construtos do modelo são medidos individualmente por três indicadores e um construto do modelo é medido individualmente por quatro indicadores.

Com relação ao resultado da confiabilidade estatística, do total de 404 respostas válidas recebidas para os 16 itens (variáveis manifestas), o Alfa de Cronbach calculado foi de 0,901, indicando uma confiabilidade muito alta dos dados.

A Tabela 1 apresenta as frequências estatísticas calculadas para as variáveis manifestas do modelo.

Tabela 1: Frequências estatísticas das variáveis manifestas

Estatísticas	ODS 1	ODS 2	ODS 3	PARTINT 1	PARTINT 2	PARTINT 3	EMPSUS 1	EMPSUS 2	EMPSUS 3	EMPSUS 4
Média	3,80	3,96	3,89	3,83	4,00	4,31	4,01	3,97	3,93	4,21
Erro padrão da média	,046	,042	,043	,049	,046	,041	,042	,045	,044	,047
Mediana	4,00	4,00	4,00	4,00	4,00	4,00	4,00	4,00	4,00	4,00
Desvio padrão	,918	,834	,859	,989	,931	,817	,841	,910	,879	,937
Variância	,842	,696	,737	,977	,866	,667	,707	,828	,772	,878

Estatísticas	METGSP1	METGSP2	METGSP3	PROJSUS1	PROJSUS2	PROJSUS3
Média	3,98	4,22	4,36	4,19	4,00	4,08
Erro padrão da média	,044	,043	,042	,044	,045	,044
Mediana	4,00	4,00	5,00	4,00	4,00	4,00
Desvio padrão	,882	,869	,845	,890	,914	,881
Variância	,779	,755	,713	,791	,836	,777

Fonte: Elaborado pelo autor com o uso do *software* IBM SPSS Amos.

Analisando as informações da Tabela 1, pode-se constatar que o valor da mediana para todas as variáveis foi entre 4 ou 5 (escala de Likert), que, dentre as opções de resposta do questionário, corresponde à opção "concordo" ou "concordo totalmente" em relação à afirmativa apresentada para a variável manifesta.

Tabela 2: Frequência percentual (%) das variáveis manifestas

Variáveis	Escala de Likert				
	Discordo totalmente	Discordo	Nem concordo, nem discordo	Concordo	Concordo totalmente
ODS1	1,0	7,2	26,7	41,3	23,8
ODS2	0,5	3,5	23,3	44,8	27,9
ODS3	0,5	5,2	24,3	44,8	25,2
PARTINT1	2,2	7,4	23,3	39,6	27,5
PARTINT2	1,2	6,2	17,3	42,1	33,2
PARTINT3	0,2	3,2	11,4	35,4	49,8
EMPSUS1	0,5	4,0	20,0	45,3	30,2
EMPSUS2	1,0	6,2	18,6	43,8	30,4
EMPSUS3	0,5	5,4	22,8	42,8	28,5
EMPSUS4	1,0	5,4	13,4	32,4	47,8
METGSP1	0,5	5,9	19,3	44,1	30,2
METGSP2	1,0	3,5	12,9	38,4	44,2
METGSP3	0,2	3,7	11,4	28,7	56,0
PROJSUS1	1,2	3,5	13,9	37,6	43,8
PROJSUS2	1,2	5,0	19,6	41,3	32,9
PROJSUS3	0,7	4,7	16,3	41,8	36,5

Fonte: Elaborado pelo autor

A Tabela 2 e a Figura 13, que apresentam, respectivamente, a frequência percentual (%) das variáveis manifestas e do resultado da escala de Likert, permitem observar que mais de 50% dos respondentes até o final concordam com todas as variáveis manifestas apresentadas. A Figura 13 apresenta sintética e visualmente a atitude coletiva dos especialistas consultados no que concerne ao construto avaliado. Utiliza para isso o gráfico de barras empilhadas divergentes, avaliado por Robbins e Heiberger (2011) juntamente com outros oito tipos de gráficos que têm sido apresentados em artigos científicos. Após analisar as características de todos os gráficos, esses autores indicam o gráfico de barras empilhadas divergentes como aquele mais apropriado para explicitar a síntese coletiva das opiniões obtidas por meio de escalas de Likert ou tipo-Likert nas pesquisas de levantamento tipo *survey*.

Figura 13: Distribuição percentual (%) do resultado da escala de Likert

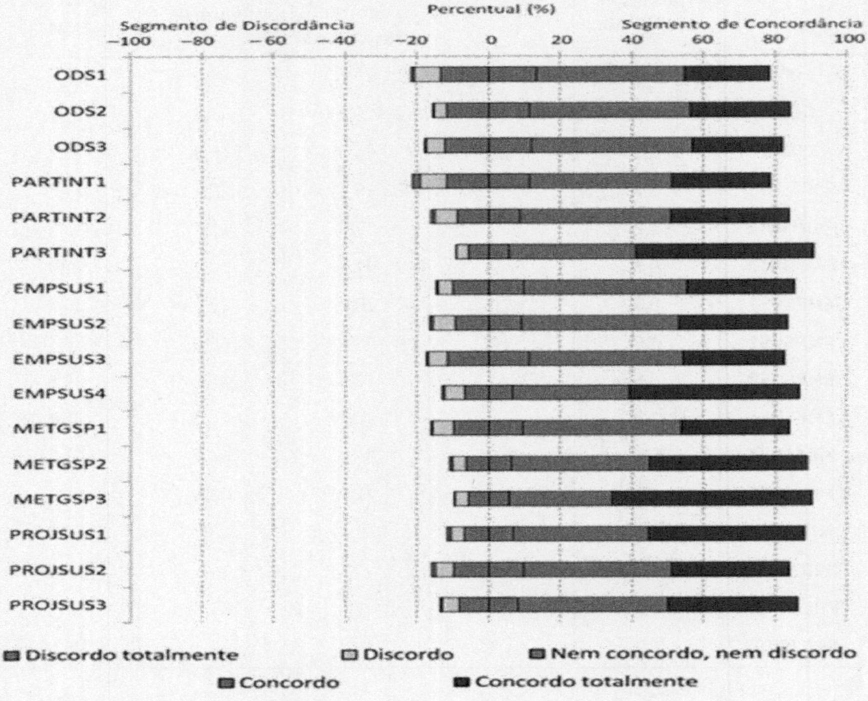

Fonte: Elaborado pelo autor

Quadro 5: Classe dominante das variáveis manifestas

Variáveis	Classe modal (dominante)	Classe mediana
ODS1	Concordo	Concordo
ODS2	Concordo	Concordo
ODS3	Concordo	Concordo
PARTINT1	Concordo	Concordo
PARTINT2	Concordo	Concordo
PARTINT3	Concordo totalmente	Concordo
EMPSUS1	Concordo	Concordo
EMPSUS2	Concordo	Concordo
EMPSUS3	Concordo	Concordo
EMPSUS4	Concordo totalmente	Concordo
METGSP1	Concordo	Concordo
METGSP2	Concordo totalmente	Concordo
METGSP3	Concordo totalmente	Concordo totalmente
PROJSUS1	Concordo totalmente	Concordo
PROJSUS2	Concordo	Concordo
PROJSUS3	Concordo	Concordo

Fonte: Elaborado pelo autor

Verifica-se, no Quadro 5, que a classe modal = classe dominante (aquela que apresenta a maior frequência de respondentes), para a maioria das variáveis, foi "concordo", sendo que para as variáveis PARTINT3, EMPSUS4, METGSP2, METGSP3 e PROJSUS1 a classe modal foi "concordo totalmente".

Verifica-se, também, que a classe mediana (aquela categoria que, até ela, encontram-se pelo menos 50% dos respondentes com avaliações mais baixas ou aquela categoria que, a partir dela, encontram-se pelo menos 50% dos respondentes com avaliações mais altas) para quase todas as variáveis foi igual a "concordo", e para a variável METGSP3 foi igual a "concordo totalmente". Para a variável METGSP3 pelo menos 50% dos respondentes encontram-se na categoria "concordo totalmente" (na realidade a proporção de respondentes é de 56%).

Tabela 3: Frequência percentual acumulada (%) das variáveis manifestas.

Variáveis	Escala de Likert				
	Discordo totalmente	Discordo	Nem concordo, nem discordo	Concordo	Concordo totalmente
ODS1	1,0	8,2	34,9	76,2	100,0
ODS2	0,5	4,0	27,3	72,0	100,0
ODS3	0,5	5,7	30,0	74,8	100,0
PARTINT1	2,2	9,6	32,9	72,5	100,0
PARTINT2	1,2	7,4	24,7	66,8	100,0
PARTINT3	0,2	3,4	14,8	50,2	100,0
EMPSUS1	0,5	4,5	24,5	69,8	100,0
EMPSUS2	1,0	7,2	25,8	69,6	100,0
EMPSUS3	0,5	5,9	28,7	71,5	100,0
EMPSUS4	1,0	6,4	19,8	52,2	100,0
METGSP1	0,5	6,4	25,7	69,8	100,0
METGSP2	1,0	4,5	17,4	55,7	100,0
METGSP3	0,2	3,9	15,3	44,1	100,0
PROJSUS1	1,2	4,7	18,6	56,2	100,0
PROJSUS2	1,2	6,2	25,8	67,1	100,0
PROJSUS3	0,7	5,4	21,7	63,5	100,0

Fonte: Elaborado pelo autor

Observa-se pela Tabela 3, com relação à frequência (%) acumulada para todas as variáveis manifestas, que, em pelo menos 15 delas, no mínimo 50% dos respondentes se encontram nas categorias "concordo" e "concordo totalmente". A variável METGSP3 destaca-se das demais, pois ao menos 50% dos respondentes se aglutinam na categoria "concordo totalmente". Esses resultados corroboram com a região verde das barras apresentadas na Figura 13.

Segundo Bollen (1989) e Hoyle (1995), pode-se utilizar o método *Maximum Likelihood* para obter os pesos fatoriais de cada variável manifesta (λ), coeficiente de estimativa (β) e erro (e).

Hair Jr. *Et al.* (2009) afirmam que o teste mais importante do SEM é verificar se o modelo de medida é válido, o que depende da qualidade do ajuste para ele e de evidências específicas da validade do construto.

De forma a estabelecer um ajuste aceitável para o modelo, é recomendada a utilização de múltiplos índices de tipos diferentes. Hair Jr. *et al.* (2009) mencionam que, geralmente, o uso de três ou quatro índices de ajustamento fornece evidência de ajustamento apropriado do modelo.

Para este estudo, consideraram-se os índices mais comuns absolutos, relativos, ajustados à parcimônia (*parsimony-adjusted*), discrepância populacional (*population discrepancy index*) e baseados na teoria da informação (*information theory-based index*). Apresenta-se a referência específica de todos esses índices selecionados, indicados por diversos autores (Hair Jr. *et al.*, 2009; Hu; Bentler, 1999; Mulaik *et al.*, 1989; Satorra; Bentler, 1990; Schmitt, 2011; Singh, 2009; Wei *et al.*, 2010). De acordo com Varela *et al.* (2019, p. 9): "os índices de ajustamento mais comuns são sumarizados a seguir."

- "Índices absolutos — compara o ajustamento específico do modelo com o seu modelo saturado":
  - ✓ "χ^2/df ratio (qui-quadrado e relação de graus de liberdade)";
  - ✓ Índice de qualidade do ajuste "*Goodness of Fit Index*" (GFI) — mede a proporcionalidade de covariâncias observadas entre as variáveis manifestas".
- "Índices relativos — compara o ajustamento específico do modelo para o pior ajustamento possível (sem relações entre as variáveis manifestas) e para o melhor ajustamento possível (modelo saturado)":
  - ✓ Índice de ajuste comparativo "*Comparative Fit Index*" (CFI) — índice incremental de ajustamento, é uma forma revisada do '*Normed-fit index*' (NFI);
  - ✓ Índice de ajuste normalizado "*Tucker Lewis Index*" (TLI) — precede o CFI e é conceitualmente similar, no sentido de que ele também envolve uma comparação matemática de um modelo de medida teórico específico com um modelo de referência nulo;

- ✓ Índice de ajuste corrigido "*Incremental Fit Index*" (IFI) — avalia o quão bem um modelo específico se encaixa, relativo a algum modelo alternativo de referência.

• Índices ajustados de parcimônia — "*Parsimony-adjusted indices*" — podem ser entendidos como medidas de uso geral de qualidade de ajuste, representando o grau de ajuste do modelo por coeficiente estimado:
  - ✓ Parsimônia — "*Parsimony*" CFI (PCFI) — índice calculado em relação ao índice do CFI;
  - ✓ Índice de qualidade do ajuste de parcimônia — "*Parsimony* GFI" (PGFI) — índice calculado em relação ao índice do GFI.

• Índice de discrepância populacional — "*Population discrepancy index*" — reflete o ajustamento do modelo nos momentos de amostragem com os momentos da população pelo efeito de comparação:
  - ✓ Raiz do erro quadrático médio de aproximação — "*Root Mean Square Error of Approximation*" (RMSEA) — indica quão bem o modelo, com estimativas de parâmetros desconhecidos, mas idealmente escolhidos, se ajustaria à matriz de covariância das populações.

• Índice baseado na teoria da informação — "*Information theory-based index*" — compara vários modelos alternativos com ajustes de dados:
  - ✓ Critério de informação de akaike — "*Akaike Information Criterion*" (AIC) — usa o tema da parcimônia na avaliação do modelo, levando em consideração o número de parâmetros estimados.

Sumarizou-se na Tabela 4 os índices mencionados acima, com os valores correspondentes necessários para atingir um bom ajuste recomendados pelos autores de referência, e as macros IBM SPSS Amos utilizadas.

Tabela 4: Índices e medidas de ajustamento

Índices de ajustamento	Medidas de ajustamento	Macro SW Amos	Autores referência
x^2 / df	< 3	\cmindf	(Hu e Bentler, 1999); (Wei et al., 2010)
GFI	> 0.9	\gfi	(Hu e Bentler, 1999); (Wei et al., 2010)
CFI	> 0.9	\cfi	(Hu e Bentler, 1999); (Wei et al., 2010); (Singh, 2009)
TLI	> 0.9	\tli	(Hu e Bentler, 1999); (Singh, 2009)
IFI	> 0.9	\ifi	(Santora e Bentley, 1990); (Wei et al., 2010)
PCFI	> 0.6	\pcfi	(Mulaik et al., 1989)
PGFI	> 0.6	\pgfi	(Mulaik et al., 1989)
RMSEA	< 0.08; p > 0.05	\rmsea \pclose	(Hu e Bentler, 1999); (Wei et al., 2010)
AIC	Menor que o modelo de independência	\aic	(Schmitt, 2011)

Fonte: Varela *et al.*, 2019

4.2 Apresentação e discussão dos resultados

Apresenta-se nas Figuras 14 e 15, respectivamente, a relação de todos para todos entre os construtos do Modelo de Medida (MM), de modo a fornecer a avaliação da medição, e o Modelo Estrutural (ME), com as estimativas calculadas, pesos fatoriais, índices de ajustamento e erro dos parâmetros do modelo. No Modelo Estrutural (ME) as relações dos construtos são baseadas no modelo conceitual (Figura 3). Os pesos fatoriais e estruturais foram obtidos com a utilização do *software* SPSS Amos versão 24 (IBM Corp., 2016), com uso do Método da Máxima Verossimilhança.

Com relação à avaliação e à análise dos parâmetros do Modelo de Medida (MM), apresentados na Tabela 5 e na Figura 14, os resultados para o construto exógeno ODS demonstram bom índice de ajustamento e validade dos indicadores devido aos pesos fatoriais serem maiores que 0.25 (HU; BENTLER, 1999). Os indicadores mais convergentes são "Postura das empresas" (ODS3), com um peso fatorial de 0.65, seguido por "Políticas Públicas" (ODS1), com um peso fatorial de 0.63, e, finalmente, "Mobilização dos Governos" (ODS2), com um peso de 0.46.

Tabela 5: Resumo das estimativas associadas ao Modelo de Medida

Variável manifesta		Construto	Estimativa	EP (erro padrão)	Z (desvio padrão)	p-valor
ODS1	←	ODS	0,634	0,044	14,265	p<0,001
ODS2	←	ODS	0,509	0,042	12,235	p<0,001
ODS3	←	ODS	0,654	0,041	16,042	p<0,001
PARTINT1	←	PARTINT	0,653	0,048	13,594	p<0,001
PARTINT2	←	PARTINT	0,573	0,046	12,527	p<0,001
PARTINT3	←	PARTINT	0,511	0,040	12,527	p<0,001
EMPSUS1	←	EMPSUS	0,585	0,039	14,910	p<0,001
EMPSUS2	←	EMPSUS	0,580	0,043	13,379	p<0,001
EMPSUS3	←	EMPSUS	0,504	0,043	11,750	p<0,001
EMPSUS4	←	EMPSUS	0,534	0,046	11,677	p<0,001
METGSP1	←	METGSP	0,584	0,042	13,922	p<0,001
METGSP2	←	METGSP	0,588	0,041	14,321	p<0,001
METGSP3	←	METGSP	0,585	0,040	14,753	p<0,001
PROSUS1	←	PROSUS	0,662	0,041	16,098	p<0,001
PROSUS2	←	PROSUS	0,601	0,044	13,708	p<0,001
PROSUS3	←	PROSUS	0,662	0,041	16,277	p<0,001

Fonte: Elaborado pelo autor, com o uso do *software* IBM SPSS Amos

Com respeito aos resultados dos indicadores para os construtos endógenos, bons índices de ajustamento e validade também foram demonstrados para:

1. PARTINT — "Exigência de regulação pelas empresas" (PARTINT1), com um peso fatorial de 0.65, "Ações das partes interessadas" (PARTINT2), com um peso fatorial de 0.57, e "Influência de cadeia de suprimentos sustentável" (PARTINT3), com um peso fatorial de 0.51;
2. EMPSUS — "Cultura alinhada aos ODS" (EMPSUS1), com um peso fatorial de 0.59, "Cobranças das partes interessadas" (EMPSUS2), com um peso fatorial de 0.58, "Regulamentações fracas ou inexistentes" (EMPSUS4), com um peso fatorial de 0.53, e "Adoção de metodologia de gestão sustentável de projeto" (EMPSUS3), com um peso fatorial de 0.50;
3. METGSP — "Inclusão de processos para sustentabilidade" (METGSP2), com um peso fatorial de 0.59, "Inclusão de elementos mensuráveis do TBL" (METGSP3), com um peso fatorial de 0.59, e "Influência dos ODS" (METGSP1), com um peso fatorial de 0.58;
4. PROJSUS — "Divulgação e aplicação de Metodologia de Gestão Sustentável de Projeto" (PROJSUS1), com um peso fatorial de 0.66, "Padronização de modelos e *frameworks* para a Gestão Sustentável de Projeto" (PROJSUS3), com um peso fatorial de 0.66, e "Inclusão do TBL como fator crítico de sucesso" (PROJSUS2), com um peso fatorial de 0.60.

Figura 14: Relação entre os construtos do Modelo de Medida (MM)

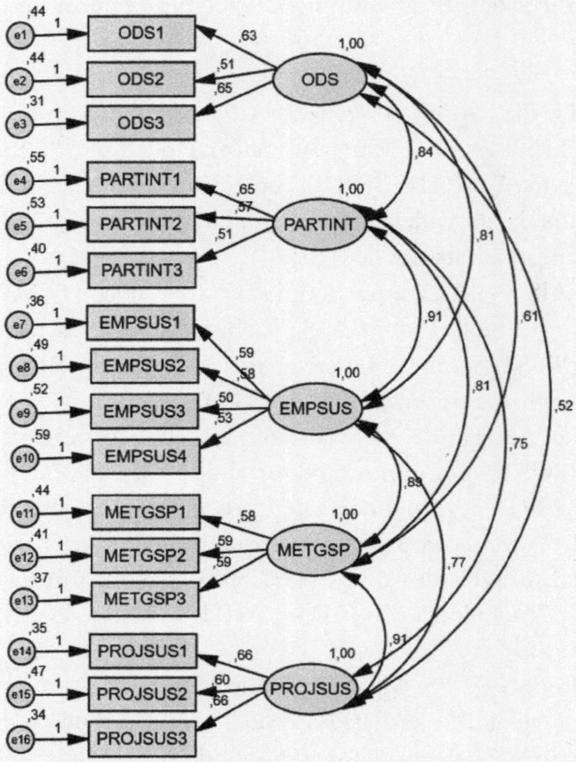

Fonte: Elaborado pelo autor, com o uso do *software* IBM SPSS Amos

Figura 15: Modelo Estrutural (ME), pesos fatoriais e índices de ajustamento

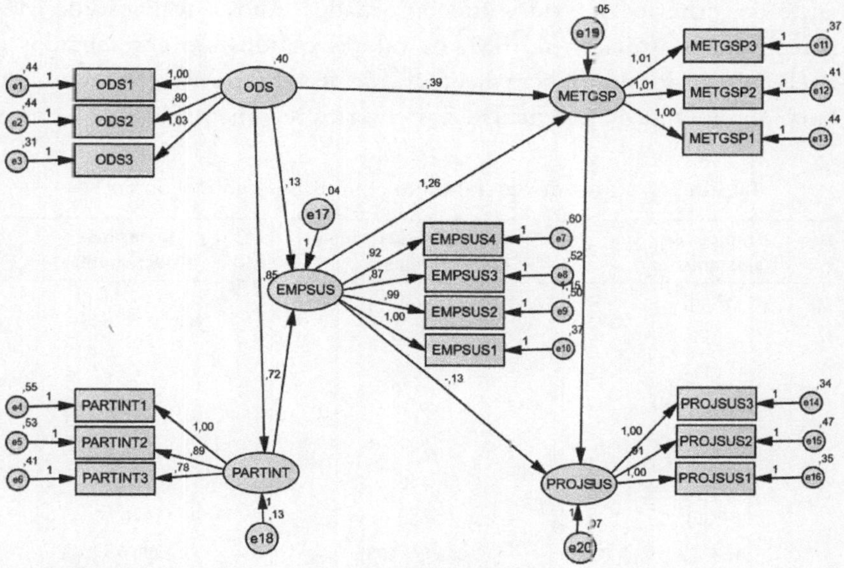

Fonte: Elaborado pelo autor, com o uso do *software* IBM SPSS Amos

Na Tabela 6 apresentam-se os valores dos índices de qualidade de ajustamento obtidos com a avaliação realizada do MM.

Tabela 6: Valores de ajustamento obtidos para validação do MM

Índices de ajustamento	Valores de ajustamento obtidos	Critério de ajustamento
χ^2 / df	2.795	< 3
GFI	.919	> 0.9
CFI	.928	> 0.9
TLI	.909	> 0.9
IFI	.929	> 0.9
PCFI	.727	> 0.6
PGFI	.635	> 0.6
RMSEA	.067 (p=.002)	< 0.08; p > 0.05
AIC	346.744 < 2507.153	*"Smaller than the Independence model"*

Fonte: Elaborado pelo autor, com o uso do *software* IBM SPSS Amos

Os valores obtidos para os índices confirmam que todos se encontram dentro dos critérios definidos e recomendados. Após a avaliação do MM, foi realizada a avaliação do SM, os valores obtidos são apresentados na Tabela 7, baseados nos índices de qualidade de ajustamento definidos, confirmando que todos estão dentro dos critérios recomendados.

Tabela 7: Valores de ajustamento obtidos para validação do SM

Índices de ajustamento	Valores de ajustamento obtidos	Critério de ajustamento
χ^2 / df	2.740	< 3
GFI	.918	> 0.9
CFI	.928	> 0.9
TLI	.911	> 0.9
IFI	.929	> 0.9
PCFI	.750	> 0.6
PGFI	.655	> 0.6
RMSEA	.066 (p=.003)	< 0.08; p > 0.05
AIC	343.816 < 2507.153	*"Smaller than the Independence model."*

Fonte: Elaborado pelo autor, com o uso do *software* IBM SPSS Amos

Considerando os valores apresentados nas Tabelas 6 e 7, todos os valores obtidos para os índices estão dentro do intervalo estabelecido para as medidas de ajustamento obtidas, confirmando que a validação do modelo teórico desenvolvido foi atingida. Quando aplicada a Análise Fatorial Confirmatória no MM, os valores de qualidade de ajustamento (2/df = 2.795, GFI = 0.919, CFI = 0.928, TLI = 0.909, IFI = 0.929, PCFI = 0.727, PGFI = 0.635, RMSEA = 0.067 e AIC = 346.744) confirmam a confiabilidade e a validade com um bom ajustamento. Avaliando a qualidade do SM, os resultados obtidos (2/df = 2.740, GFI = 0.918, CFI = 0.928, TLI = 0.911, IFI = 0.929, PCFI = 0.750, PGFI = 0.655, RMSEA = 0.066 e AIC = 343.816) indicam também que atingiram um bom ajustamento.

Tabela 8: Validação de estimativas e hipóteses do SM

Hipóteses	Construtos exógenos	Construtos endógenos	Estimativa	EP (erro padrão)	Z (desvio padrão)	p-Valor	Conclusão
H1	ODS	PARTINT	0,851	0,088	9,705	p<0,001	Confirmada
H2	ODS	EMPSUS	0,132	0,149	0,888	0,375	Não confirmada
H3	ODS	METGSP	- 0,386	0,157	- 2,453	0,014	Confirmada
H4	PARTINT	EMPSUS	0,723	0,161	4,484	p<0,001	Confirmada
H5	EMPSUS	METGSP	1,256	0,194	6,485	p<0,001	Confirmada
H6	EMPSUS	PROJSUS	- 0,128	0,208	- 0,613	0,540	Não confirmada
H7	METGSP	PROJSUS	1,146	0,232	4,931	p<0,001	Confirmada

Fonte: Elaborado pelo autor, com o uso do *software* IBM SPSS Amos

Quanto aos resultados obtidos para os parâmetros do SM, para o relacionamento estrutural entre os construtos apresentado na Tabela 8, é possível verificar que as hipóteses da pesquisa: H1, H3, H4, H5 e H7 foram confirmadas, e somente as hipóteses H2 e H6 não foram confirmadas (H2: p = 0.375 > 0.05, H6: p = 0.540 > 0.05).

De acordo com Brones, Carvalho e Zancul (2014) e Silvius e Schipper (2014), a validação das hipóteses da pesquisa auxiliam o preenchimento da lacuna na literatura relacionada à sustentabilidade e gestão de projetos. Com uso do Método da Máxima Verossimilhança, foram obtidos os resultados deste estudo sobre o Modelo Estrutural apresentado na Figura 15, o qual nos mostra que, de acordo com os respondentes:

H1. ODS é positivamente relacionado a Partes Interessadas;

H2. Não foi confirmado que existe uma correlação entre ODS e Empresas Sustentáveis;

H3. ODS é negativamente relacionado a Metodologia de Gestão Sustentável de Projeto;

H4. Partes interessadas é positivamente relacionado a Empresas Sustentáveis;

H5. Empresas Sustentáveis é positivamente relacionado a Metodologia de Gestão Sustentável de Projeto;

H6. Não foi confirmado que existe uma correlação entre Empresas Sustentáveis e Projeto Sustentável;

H7. Metodologia de Gestão Sustentável de Projeto é positivamente relacionado a Projeto Sustentável.

Apesar de a amostra de respondentes obtida ser bastante abrangente e apresentar uma cobertura global de profissionais de gestão de projetos, com a distribuição: América do Sul — 51%, América do Norte — 32%, Europa — 8% e demais regiões — 9%, o maior percentual, que corresponde à metade das respostas, é de profissionais com atuação na América do Sul. Os Objetivos do Desenvolvimento Sustentável (ODS) adotados pelos governos dos países membros da ONU ainda estão com ações mais em termos de governos e longe das empresas, principalmente em países fora do eixo Europa e Estados Unidos. Outro ponto a ser ressaltado, com relação ao perfil dos respondentes, é a respeito da certificação em gestão de projetos: mais da metade dos profissionais, 53,2%, não possuem nenhuma certificação, e dentre o percentual de profissionais certificados, apenas 8,7% possuem certificação em alguma metodologia de gestão sustentável de projeto.

A percepção do autor sobre o resultado é de que o entendimento e a interpretação das pessoas, bem como alguma fragilidade de opiniões, podem ser influenciadas devido aos temas sustentabilidade e desenvolvimento sustentável estarem longe do dia a dia e da formação acadêmica de grande parte de gestores, dos profissionais de forma geral, daqueles que atuam na gestão de projetos e do cotidiano de várias empresas, podendo fornecer evidência empírica para a não validação das hipóteses H2 e H6. O mesmo também pode ser afirmado com relação à hipótese H3, que, apesar de validada, indicou uma influência negativa dos ODS em Metodologias de Gestão Sustentável de Projeto.

Com base na literatura, não foi identificado um padrão de gestão sustentável de projeto, sendo mais utilizados os modelos e estruturas "*frameworks*" como referência, que não dão atenção para a questão da sustentabilidade. O foco das empresas continua concentrado na vertente econômica do projeto. Poucos autores na literatura mencionam a inclusão do tema sustentabilidade na formação de gestores em escolas de negócio. Para a formação dos gestores de projetos, existem vários treinamentos e certificações fornecidos por organizações como GPM® Global e IPMA®, as metodologias ensinadas são referenciadas na literatura e cobrem essa lacuna de formação, pois incluem indicações de como tratar as questões da sustentabilidade em um projeto, sendo necessário que sejam disseminadas. Essa formação irá impulsionar a propagação da adoção de metodologias de gestão sustentável como padrão na gestão de projetos.

4.3 O modelo proposto e os modelos da literatura

No Quadro 6 são apresentados os principais modelos e *frameworks* propostos por diversos autores identificados na literatura analisada e o modelo proposto nesta pesquisa. Neste quadro os artigos estão identificados por autor, título, objetivo/resultado da pesquisa e as principais variáveis envolvidas no modelo, *framework* ou ferramenta. No total, foram identificados na literatura 11 modelos, 5 *frameworks* e 1 ferramenta relacionando sustentabilidade e gestão de projetos. Nota-se, dentre os vários modelos identificados, que o foco principal destes é incluir questões da sustentabilidade no processo de gestão do projeto.

Com relação ao foco e/ou objetivo da ferramenta identificada, a mesma visa auxiliar o gerente de projeto a desenvolver um plano de gestão da sustentabilidade (SMP).

Com relação ao foco e/ou objetivo dos *frameworks* identificados, apresenta-se: Incorporação da sustentabilidade ao currículo educacional; Avaliação de projetos; Avaliação de práticas de negócios sustentáveis; Processos para gestão de projetos verdes; Integração do gerenciamento de riscos ao processo de concepção arquitetônico.

Com relação ao foco e/ou objetivo dos modelos identificados, apresenta-se: Discussão de conceitos do desenvolvimento sustentável relacionados à gestão de projetos; Avaliação da integração dos conceitos da sustentabilidade em projetos e gestão de projetos; Escolha e formação do time de subcontratados mais sustentável; Relacionamento entre sustentabilidade em projetos e sucesso do projeto; Avaliação dos efeitos das competências de liderança e das qualidades de liderança transformacional dos gerentes de projeto nos critérios de sucesso para edifícios sustentáveis; Identificação e entendimento da importância dos principais aspectos da sustentabilidade no contexto da gestão de projetos com base nas lentes dos gerentes de projetos; Qualificação da sustentabilidade como nova escola de pensamento em gestão de projetos; Relação entre o gerenciamento da sustentabilidade e o sucesso do projeto significativa e positiva, e redução do impacto negativo social e ambiental; Apoiar como as avaliações de infraestrutura sustentável afetam o sucesso do projeto de construção; Fatores Críticos de Sucesso (CSF) que afetam a integração da sustentabilidade nas fases da gestão de projetos de construção; Modelo integrado dos fatores contextuais-chave que afetam a entrega sustentável de megaprojetos.

O modelo teórico e de referência proposto neste projeto de pesquisa apresenta sua originalidade e diferencia-se dos demais modelos identificados na literatura, pois neste identificam-se as principais variáveis latentes e manifestas que suportam e influenciam a incorporação da sustentabilidade na gestão de projetos. As variáveis manifestas são indicadoras de como essa integração pode evoluir e tornar governo, sociedade, empresas, profissionais e demais partes interessadas mais conscientes e engajados para o atingimento do desenvolvimento sustentável, apoiando a gestão e a entrega de projeto mais sustentável.

Quadro 6: Comparação entre o Modelo proposto e os Modelos da literatura

Autor	Título do artigo/pesquisa	Objetivo/resultado da pesquisa	Variáveis envolvidas
Gareis *et al.* (2010)	Relacionando Desenvolvimento Sustentável e Gestão de Projetos	Modelo para discutir relacionamentos selecionados entre os conceitos de desenvolvimento sustentável e gestão de projetos	Abordagem holística — considerando questões ecológicas, econômicas e sociais; Orientação de longo prazo; Grande escala espacial e institucional; Redução de riscos; Considerações de valores e ética; Participação e desenvolvimento de capacidades
Silvius e Schipper (2010)	Um Modelo de Maturidade para Integrar Sustentabilidade em Gestão de Projetos	Modelo para avaliação da integração dos conceitos da sustentabilidade em projetos e gestão de projetos	Aspectos da sustentabilidade: critério Pessoas, critério Planeta, critério Lucro; Sustentabilidade em projetos considerada a nível de: Não existente, Recursos, Processos de Negócios, Modelo de Negócios, Produtos/Serviços
Sarkis *et al.* (2012)	Incorporando sustentabilidade na avaliação de contratados e formação de equipes no ambiente de construção civil	Modelo de decisão e *framework* para escolha e formação do time de subcontratados mais sustentável	Trabalho infantil; discriminação; longas horas de trabalho; abuso de direitos sindicais; salários de subsistência; desigualdade social; corrupção
Krishnamurthy *et al.* (2014)	Inclusão da Educação em Sustentabilidade nas Escolas de Negócio — Um Estudo de Caso Indiano do Currículo do MBA-ITBM	*Framework* para incorporação de lições da sustentabilidade no currículo de negócios de TI	Interface com a indústria; Engajamento com a sociedade; Sensibilizar para questões globais e meio ambiente
Zidane *et al.* (2015)	*Framework* Holístico para Avaliação de Projetos — Aplicação em Caso de Megaprojeto	*Framework* para avaliação de projetos aplicado em um estudo de caso de megaprojeto de uma rodovia argelina	Eficiência; Efetividade; Relevância; Impacto; Sustentabilidade

Continuação Quadro 6

Autor	Título do artigo/pesquisa	Objetivo/resultado da pesquisa	Variáveis envolvidas
Svensson *et al.* (2016)	Lógica dominante do *Triple Bottom Line* para Sustentabilidade nos Negócios: *Framework* e Resultados Empíricos	*Framework* de sustentabilidade de negócios para avaliar e monitorar as práticas de negócios sustentáveis da empresa no mercado e na sociedade	17 dimensões associadas aos elementos do *Triple Bottom Line*: Econômico; Social; Ambiental
Silvius e Schipper (2016)	Explorando a relação entre sustentabilidade e sucesso do projeto-modelo conceitual e relacionamentos esperados	Modelo conceitual para o relacionamento entre sustentabilidade em projetos e sucesso do projeto	*Triple Bottom Line*; orientação de curto e longo prazo; orientação local e global; valores e ética; transparência e responsabilidade; participação das partes interessadas; redução de riscos; eliminação de perdas; consumir renda, não capital
Rumaithi e Beheiry (2016)	Um *framework* para gestão de processos de projetos verdes em projetos de construção	*Framework* de gestão de processos de projetos verdes agregando elementos e sugestões adicionais ao processo generalizado de gestão de projetos	Estudo preliminar; Iniciação do projeto; Planejamento do Projeto; Concepção; Licitação; Execução; Monitoramento e Controle; Encerramento
Tabassi *et al.* (2016)	Competências de liderança de gerentes de projeto de construção sustentável	Modelo para avaliar os efeitos das competências de liderança e das qualidades de liderança transformacional dos gerentes de projeto nos critérios de sucesso para edifícios sustentáveis	Liderança transformacional; Competência Gerencial; Competência Intelectual; Critérios de Sucesso

Continuação Quadro 6

Autor	Título do artigo/pesquisa	Objetivo/resultado da pesquisa	Variáveis envolvidas
Martens e Carvalho (2017)	Principais fatores da sustentabilidade no contexto da gestão de projetos: Um *survey* explorando a perspectiva dos gerentes de projeto	Principais aspectos da sustentabilidade no contexto da gestão de projetos e entender sua importância com base nas lentes dos gerentes de projetos	Políticas ambientais e economia de recursos; Economia e vantagem competitiva; Gestão das partes interessadas (sociedade, funcionários, fornecedores e contratados); Modelo de inovação de negócios sustentável
Silvius (2017)	Sustentabilidade como uma nova escola de pensamento em gestão de projetos	Sustentabilidade se qualifica como uma nova escola de pensamento em gestão de projetos	Projetos em uma perspectiva da sociedade; Gestão para as partes interessadas; critérios do *Triple Bottom Line* para caso de negócios e sucesso do projeto
Carvalho e Rabechini (2017)	A gestão da sustentabilidade do projeto pode afetar o sucesso do projeto? Um estudo empírico aplicando uma abordagem contingente	Modelo mostra uma relação significativa e positiva entre o gerenciamento da sustentabilidade e o sucesso do projeto, e na redução do impacto negativo social e ambiental	Concepção para o meio ambiente; Tecnologias ambientais; Compra e parceria ecológica; Processos e áreas de conhecimento de gestão de projetos; Responsabilidade Social; Sucesso do projeto; Impacto Social e ambiental; Variáveis de controle
Krajangsri e Pongpeng (2017)	Efeito das avaliações de infraestrutura sustentável sobre o sucesso de projetos de construção utilizando modelagem de equações estruturais	Modelo para apoiar como as avaliações de infraestrutura sustentável afetam o sucesso do projeto de construção e pode ser usado como orientação para o desenvolvimento de projetos de infraestrutura sustentável	Gestão de Projetos; localização; energia; água; materiais e recursos; gestão de resíduos; transporte; impactos ambientais nas áreas ao redor e comunidade

Conclusão Quadro 6

Autor	Título do artigo/pesquisa	Objetivo/resultado da pesquisa	Variáveis envolvidas
Schipper e Silvius (2017)	O Canvas da gestão sustentável de projetos	Ferramenta prática para auxiliar o gerente de projeto a desenvolver um plano de gestão da sustentabilidade (SMP)	Canvas de gestão de projetos com questões-chave da perspectiva do desenvolvimento sustentável; Lista de indicadores da sustentabilidade; Conceitos do desenvolvimento sustentável
Banihashemi *et al.* (2017)	Fatores Críticos de Sucesso (CSF) para a integração da sustentabilidade nas práticas de gestão de projetos para projetos de construção para países em desenvolvimento	Modelo dos CSF afetando a integração da sustentabilidade na gestão de projetos	Identificação; Avaliação; Compromisso; Preparação na organização; Preparação no projeto; Implementação
Hosseini *et al.* (2018)	Entrega Sustentável de Megaprojetos no Irã: Modelo Integrado de Fatores Contextuais	Modelo integrado dos fatores contextuais-chave que afetam a entrega sustentável de projetos no Irã	Avaliação; Preparação; Uso
Othman e Abdelwahab (2018)	Alcançando Sustentabilidade através da integração da Gestão de Riscos no Processo de Concepção Arquitetônico	*Framework* que integra o gerenciamento de riscos ao processo de concepção arquitetônico como uma abordagem para a entrega de projetos de construção sustentáveis	Definir as barreiras de integração; Estabelecer os objetivos de integração; Desenvolver o plano de integração; Implementar o plano de integração; Monitorar e controlar o plano de integração
Toledo (2020)	Modelo para Integrar Sustentabilidade na Gestão de Projetos	Modelo para incorporar sustentabilidade na gestão de projetos	ODS; Partes Interessadas; Empresas Sustentáveis; Metodologia de Gestão; Sustentável de Projeto; Projeto Sustentável

Fonte: Elaborado pelo autor

5. Proposições

5.1 Considerações

> Se o desenvolvimento continuar no modelo atual de negócios como de costume, as cidades do mundo irão consumir 90 bilhões de toneladas por ano de material bruto, como areia, cascalho, minério de ferro, carvão e madeira até 2050. Isto terá consequências irreversíveis no esgotamento desses recursos finitos, e significará a destruição de habitats naturais e espaços verdes, e resultará em consequente perda da biodiversidade. Em muitos casos, a urbanização está ocorrendo organicamente, sem planejamento, e como os centros urbanos se concentram em áreas costeiras, os residentes urbanos vivem com um alto risco de inundação, deslizamentos de terra e outros desastres. (Messerli *et al.*, 2019, p. XXVII).

A incorporação da sustentabilidade na gestão de projetos é um campo de estudo emergente (Silvius, 2017), as principais iniciativas de pesquisas estão concentradas em Tecnologia de Projeto e Construção (*Construction & Building Technology*) e Engenharia Civil (*Civil Engineering*). Considerando o progresso da área de gestão de projetos e a crescente preocupação com o desenvolvimento sustentável, questões da sustentabilidade estão sendo incluídas na gestão de projetos por profissionais e pesquisadores, mas a evolução a nível global ainda é tímida.

A gestão sustentável de projetos será primordial para que, dentre outras considerações, cada novo projeto busque a redução do consumo de energia, a reutilização de água, a redução do uso e a reutilização de recursos e produtos. Os novos produtos e/ou serviços gerados precisarão ser projetados dentro do conceito de uma economia mais circular.

Como resultado, este estudo contribui para a evolução da pesquisa científica na área da sustentabilidade e da gestão de projetos, identificando e definindo um modelo que contém as principais variáveis que suportam e impulsionam a incorporação da sustentabilidade na gestão de projetos.

5.2 Contribuições para a entrega de projetos sustentáveis

Os principais resultados deste estudo foram:

1. Identificação das principais variáveis que suportam e influenciam a incorporação da sustentabilidade à gestão de projetos;
2. Primeiro trabalho que tratou do tema com o uso da SEM, definindo um modelo estrutural apresentando cinco construtos: um exógeno (ODS) e quatro endógenos (PARTINT, EMPSUS, METGSP e PROJSUS), 16 variáveis manifestas e suas relações, definidas por sete hipóteses.

Para endossar estatisticamente o modelo e as hipóteses, um conjunto de 404 respostas válidas de questionário, respondido por profissionais de gestão de projetos ao redor do mundo, foram analisados, confirmando sua confiabilidade, validade e bom ajuste.

O estudo permitiu confirmar as principais hipóteses: H1 — Objetivos do Desenvolvimento Sustentável (ODS) é positivamente relacionado com Partes Interessadas; H3 — Objetivos do Desenvolvimento Sustentável (ODS) é positivamente relacionado com Metodologias de Gestão Sustentável de Projeto; H4 — Partes Interessadas é positivamente relacionado com Empresas Sustentáveis; H5 — Empresas Sustentáveis é positivamente relacionado com Metodologia de Gestão Sustentável de Projeto; e H7 — Metodologia de Gestão Sustentável de Projeto é positivamente relacionado com Projeto Sustentável.

O estudo não confirmou as hipóteses: H2 — Objetivos do Desenvolvimento Sustentável (ODS) é positivamente relacionado com Empresas Sustentáveis e H6 — Empresas Sustentáveis é positivamente relacionado com Projeto Sustentável. Este resultado indica que os ODS ainda não estão disseminados no nível das empresas, os governos precisam trabalhar mais em políticas públicas de incentivos e regulamentações para impulsionar as ações de aculturamento e adequação das empresas em direção ao desenvolvimento sustentável. Adicionalmente, faz-se necessária a inclusão de disciplina relacionada à sustentabilidade e à gestão sustentável de projetos nos cursos de graduação e pós-graduação para formação de profissionais e gestores conscientes da importância do equilíbrio entre os pilares do *triple bottom line* nos negócios e projetos de suas empresas.

Em termos de implicações práticas do modelo estrutural apresentado, os resultados obtidos através do estudo realizado permitem afirmar que existe uma relação entre os construtos identificados e suas variáveis para conduzir a um projeto sustentável.

Os construtos do modelo que apresentaram maior correlação entre si foram: 1) Empresas Sustentáveis (EMPSUS) e Metodologia de Gestão Sustentável de Projetos (METGSP) e 2) METGSP e Projeto Sustentável (PROJSUS), indicando a importância da relação entre estes construtos. Muitos autores da literatura afirmam a necessidade de disseminação das metodologias de gestão sustentável de projetos para que passem a ser adotadas como padrão na gestão de projetos.

O autor também considera a necessidade de que sejam dados prioridade e foco para a inclusão/definição da sustentabilidade como premissa para a condução dos processos e atividades da gestão de projetos como melhores práticas apresentadas pelo PMBOK®, do PMI®, já que o PMI® é hoje o instituto com maior influência sobre a comunidade de profissionais de gestão de projetos.

Para que possamos caminhar como uma sociedade sustentável, temos que adotar os conceitos e princípios da economia circular e da gestão sustentável de projetos, desde a formação básica de nossas crianças, atualizando o conteúdo de todas as disciplinas ensinadas em todos os níveis educacionais, nos currículos do ensino médio e/ou técnico, graduação e pós-graduação. Desse modo, preparando a sociedade para o uso consciente dos recursos, com foco no uso de recursos renováveis, reutilização dos recursos e produtos finais, colocando-os de volta como insumos no ciclo de vida, estendendo o ciclo de vida dos produtos, adotando um consumo sustentável e uma produção totalmente limpa, que devolva, por exemplo, para o meio ambiente, uma água mais limpa do que aquela que entrou no início do processo produtivo. Usando como exemplo o mercado da construção civil, temos espaço para o desenvolvimento de empresas especialistas e tecnologias para dar suporte à retirada de itens de uma construção existente (desconstrução) que será substituída por uma nova e utilizá-los e/ou aproveitá-los em diversas outras construções, mantendo esses itens manufaturados e não descartando os mesmos.

Acreditamos que esse será o caminho a seguir e temos plena convicção que conseguiremos garantir às gerações futuras o acesso às conquistas da sociedade contemporânea, garantindo a preservação do nosso querido planeta Terra.

Referências

Ahadzie, D. K.; Proverbs, D. G.; Olomolaiye, P. O. "Critical success criteria for mass house building projects in developing countries". *International Journal of Project Management,* v. 26, n. 6, pp. 675-687, 2008.

Aksorn, P., Charoenngam, C. "Sustainability factors affecting local infrastructure project: The case of water resource, water supply, and local market projects in Thai communities". *Facilities,* v. 33, n. 1/2, pp. 119-143, 2015. Disponível em: <https://doi.org/10.1108/F-01-2013-0005>. Acesso em: 08 abr. 2023.

Al-Tmeemy, S. M. H. M.; Abdul-Rahman, H.; Harun, Z. "Future criteria for success of building projects in Malaysia". *International Journal of Project Management*, v. 29, n. 3, pp. 337-348, 2011.

Anderson, E.; Weitz, B. "Determinants of continuity in conventional industrial channel dyads". *Marketing Science*, v. 8, n. 4, pp. 310-323, 1989. Disponível em: <https://doi.org/10.1287/mksc.8.4.310>. Acesso em 07 abr. 2023.

Arts, Jos; Faith-Ell, Charlotta. "New governance approaches for sustainable project delivery". *Procedia-social and behavioral sciences*, v. 48, pp. 3.239-3.250, 2012.

Atkinson, R. "Project management Cost time and quality, two best guesses and a phenomenon, it's time to accept other success criteria". *International Journal of Project Management,* v. 17, n. 6, pp. 337-342, 1999.

AZEVEDO, S. G.; BARROS, M. "The application of the triple bottom line approach to sustainability assessment: The case study of the UK automotive supply chain". *Journal of Industrial Engineering and Management* (JIEM), v. 10, n. 2, pp. 286-322, 2017.

BACCARINI, D. "The logical framework method for defining project success". *Project Management Journal,* v. 30, n. 4, pp. 25-32, 1999.

BACCARINI, D.; COLLINS, A. "The concept of project success — what 150 Australian project managers think". *Australian Institute of Project Management (AIPM).* Conference: Perth, 2004.

BADURDEEN, F. et al. "Extending total life-cycle thinking to sustainable supply chain design". *International Journal of Product Lifecycle Management*, v. 4, n. 1-3, pp. 49-67, 2009.

BANIHASHEMI, S. *et al.* "Critical success factors (CSFs) for integration of sustainability into construction project management practices in developing countries". *International Journal of Project Management*, v. 35, n. 6, pp. 1.103-1.119, 2017.

BOLLEN, K. A. *Structural Equations with Latent Variables.* NY: Wiley., 1989.

BOSTON CONSULTING GROUP. *The Business of Sustainability Imperatives, Advantages and Actions*, 2019.

BRENT, A.; LABUSCHAGNE, C. "Social indicators for sustainable project and technology life cycle management in the process industry (13 pp+ 4)". *The International Journal of Life Cycle Assessment,* v. 11, n. 1, pp. 3-15, 2006.

BRONES, F.A.; CARVALHO, M.M.; ZANCUL, E.S. "Ecodesign in project management: a missing link for the integration of sustainability in product development?" *J. Clean. Prod.*, v. 80, n. 1, pp. 106-118, 2014.

CARVALHO, M. M.; RABECHINI JR, R. "Can project sustainability management impact project success? An empirical study applying a contingent approach". *International Journal of Project Management,* v. 35, n. 6, pp. 1.120-1.132, 2017.

CASTRO, H. C. G. A. de. *Avaliação do Potencial de Adoção de Meta-Organizações no Apoio ao Desenvolvimento de Modelos de Empresas Virtuais e Ubíquas — uma Aplicação a Clusters Regionais.* Braga: Universidade do Minho, 2018.

CASTRO, M. S.; BAHLI, B.; FARIAS FILHO, J. R.; BARCAUI, A. "A contemporary vision of project success criteria". *Brazilian Journal of Operations & Production Management*, v. 16, n. 1, pp. 66-77, 2019.

Chang, A.; Chih, Y. Y.; Chew, E.; Pisarski, A. "Reconceptualising mega project success in Australian Defence: Recognising the importance of value co-creation". *International Journal of Project Management*, v. 31, n. 8, pp. 1139-1153, 2013.

Cicmil, S.; O'Laocha, E. "The logic of projects and the ideal of community development: Social good, participation and the ethics of knowing". *International Journal of Managing Projects in Business,* v. 9, n. 3, pp. 546-561, 2016.

Creswell, J. W. *Projeto de Pesquisa:* Métodos Qualitativo, Quantitativo e Misto. Porto Alegre: Artmed, 2010.

Creswell, J. W; Plano, V. L. *Projeto de métodos mistos.* 2ª ed. Porto Alegre: Penso, 2013.

Collins, A.; Baccarini, D. "Project Success — A Survey". *Journal of Construction Research,* v. 5, n. 2, pp. 211-231, 2004.

Commission Of The European Communities. *Buying green! A handbook on environmental public procurement.* Brussels, 2004.

Cooper, D. R.; Schindler, P. S. *Métodos de Pesquisa em Administração.* Porto Alegre: Bookman, 2003.

Dangayach, G. S. "Sustainability: An Ethical Approach Towards Project Business Success". *World Academy of Science, Engineering and Technology, International Journal of Social, Behavioral, Educational, Economic, Business and Industrial Engineering,* v. 5, n. 1, pp. 36-38, 2011.

Davis, K. "Different stakeholder groups and their perceptions of project success". *International Journal of Project Management*, v. 32, n. 2, pp. 189-201, 2014.

Dela Coleta, M. F. *Modelos para pesquisa e modificação de comportamentos de saúde:* Teorias, estudos e instrumentos. Taubaté: Cabral editora e livraria universitária, 2004.

DESIGN Buildings Wiki. Disponível em: <https://www.designingbuildings.co.uk/wiki/Home>. Acesso em: 06 abr. 2023.

Devellis, R.F. *Scale development*: Theory and applications. Newbury Park: SAGE, 1991.

Diallo, A.; Thuillier, D. "The success dimensions of international development projects: the perceptions of African project coordinators". *International Journal of Project Management*, v. 22, pp. 19-31, 2004.

Dillman, D. A.; Smyth, J. D.; Christian, L. M. *Internet, phone, mail, and mixed-mode surveys: the tailored design method.* New Jersey: John Wiley & Sons, 2014.

EDWARDS, M. G. "An integrative metatheory for organisational learning and sustainability in turbulent times". *The learning organization*, v. 16, n. 3, pp. 189-207, 2009.

EID, M. *Sustainable Development & Project Management*. Cologne: Lambert Academic Publishing, 2009.

ELKINGTON, J. "Towards the sustainable corporation: Win-win-win business strategies for sustainable development". *California Management Review*, v. 36, n. 2, pp. 90-100, 1994.

ELKINGTON, J. *Cannibals with Forks*: The Triple Bottom Line of 21st Century Business. Oxford: Capstone Publishing, 1997.

ELKINGTON, J. "Partnerships from cannibals with forks: The triple bottom line of 21st century business". *Environmental quality management*, v. 8, n. 1, pp. 37-51, 1998.

ENDNOTE® *software tool for publishing and managing bibliographies, citations and references. Clarivate Analytics. Version* X9.2. 2019.

EUROPEAN COMMISSION. *Communication from the Commission to the European Parliament, the Council, the European Economic and Social Committee and the Committee of the Regions:* Towards a Circular Economy: A Zero Waste Programme for Europe. European Commission. Brussels, 2014. Disponível em: <https://ec.europa.eu/environment/circular-economy/pdf/circular-economy-communication.pdf>. Acesso em: 05 abr. 2023.

FARIAS FILHO, J. R. *Ensaio Teórico sobre Pesquisa Bibliográfica em Estratégia de Operações*. Niterói: UFF/TEP, Apostila da Disciplina de Gestão de Operações — Programa de Pós-Graduação em Engenharia de Produção, 2009.

FLANAGAN, J. C. "Psychological bulletin". *American Institute for Research and University of Pittsburgh,* v. 51, n. 4, 1954.

GAREIS, R.; HUEMANN, M.; MARTINUZZI, A. "Relating sustainable development and project management: a conceptual model". *PMI Research & Education Conference, Washington DC*, 2010.

GIL, A. *Como Elaborar Projetos de Pesquisa*. São Paulo: Atlas. 2010.

GINSON, R. B. "Beyond the pillars: Sustainability assessment as a framework for effective integration of social, economic and ecological considerations in significant decision-making". *Journal of Environmental Assessment Policy and Management*, v. 8, n. 3, pp. 259-280, 2006

GLASER, B.; STRAUSS. A. *Discovery of grounded theory*. Chicago: Aldine, 1967.

Glass, J. "The state of sustainability reporting in the construction sector". *Smart and sustainable built environment*, v. 1, n. 1, pp. 87-104, 2012.

Global, G. *PRiSM™ Projects Integrating Sustainable Methods*. The GPM® Reference Guide to Sustainability in Project Management, 2013.

Global, G. *The GPM® P5™ Standard for Sustainability in Project Management*. Version 1.5.1, 2015.

Global, G. *The GPM® P5™ Standard for Sustainability in Project Management*. Version 2.0, 2019.

Gmelin, H.; Seuring, S. "Achieving sustainable new product development by integrating product life-cycle management capabilities". *International Journal of Production Economics*, v. 154, pp. 166-177, 2014.

GPM — Green Project Management. Disponível em: <www.greenprojectmanagement.org>. Acesso em: 08 abr. 2023.

Gray, D. E. *Pesquisa no Mundo Real*. Porto Alegre: Penso, 2012.

Hair Jr., J. F. *et al. Multivariate data analysis*. 5ª ed. New Jersey: Prentice Hall, 1998.

Hair Jr., J. F. *et al. Análise multivariada de dados*. Porto Alegre: Bookman, 2009.

Hill, M.; Hill, A. *Investigação por Questionário*. Lisboa: Ed. Sílabo Lda., 2000.

Hood, W.; Wilson, C. "The literature of bibliometrics, scientometrics, and informetrics". *Scientometrics*, v. 52, n. 2, pp. 291-314, 2001.

Hoyle, R. H. *Structural equation modeling:* Concepts, issues, and applications. Sage, 1995.

Hu, L.; Bentler, P.M. "Cutoff criteria for fit indexes in covariance structure analysis: Conventional criteria versus new alternatives". *Struct. Eq. Model*, v. 6, pp. 1-55, 1999.

IBM Corp. IBM SPSS Amos, Version 24. Armonk: IBM Corp. 2016.

International Organization For Standardization. *ISO 21505:2017, Project, Programme and Portfolio Management — Guidance on Governance*. Geneva, 2017

IIRC. A estrutura internacional para relato integrado — *Integrated Reporting* (IR). International Integrated Reporting Council, 2014.

IPMA — International Project Management Association. *Become Recognised as a Professional — Certification*. Disponível em: <www.ipma.world/individuals/certification/>. Acesso em: 06 abr. 2023.

IPMA — International Project Management Association. *Individual Competence Baseline for Project, Programme & Portfolio Management* ICB 4.0. Zurich: International Project Management, 2015.

IPMA — International Project Management Association. *Project Excellence Baseline for Achieving Excellence in Projects and Programmes:* PEB. 1.0. Zurich: International Project Management Association, 2016.

JAWAHIR, I. S. *et al.* "Total life-cycle considerations in product design for sustainability: A framework for comprehensive evaluation". *Proceedings of the 10th International Research/Expert Conference.* Barcelona, Spain, pp. 1-10, 2006.

JHA, K. N.; IYER, K. C. "Commitment, coordination, competence and the iron triangle". *International Journal of Project Management*, v. 25, n. 5, pp. 527-540, 2007.

JIN, X.; HIGH, K. A. "Application of Hierarchical Life Cycle Impact Assessment in the Identification of Environmental Sustainability Metrics". *School of Chemical Engineering.* Oklahoma, 2004.

KERZNER, H. *Gestão de Projetos*: as melhores práticas. Trad. Marco Antonio Viana Borges, Marcelo Klippel e Gustavo Severo de Borba. Porto Alegre: Bookman, 2002.

KIRCHHERR J.; REIKE D.; HEKKERT M. "Conceptualizing the circular economy: An analysis of 114 definitions". *Resources, Conservation and Recycling*, v. 127, pp. 221-32, 2017.

KIRON, D. et al. "Corporate Sustainability at a Crossroads: Progress Toward Our Common Future in Uncertain Times". *MIT Sloan Management Review,* 2017.

KIVILÄ, J.; MARTINSUO, M.; VUORINEN, L. "Sustainable project management through project control in infrastructure projects". *International Journal of Project Management*, v. 35, n. 6, pp. 1167-1183, 2017.

KPMG. "KPMG The road ahead". *The KPMG Survey of Corporate Responsibility Reporting 2017.* Zurich: KPMG, 2017.

KPMG; AIPM — International Project Management Association; IPMA — Australian Institute of Project Management. *The Future of Project Management*: Global Outlook, 2019.

KHALILI, N. R.; DUECKER, S. "Application of multi-criteria decision analysis in design of sustainable environmental management system framework". *Journal of Cleaner Production,* v. 47, pp. 188-198, 2013.

KRAJANGSRI, T.; PONGPENG, J. "Effect of sustainable infrastructure assessments on construction project success using structural equation modeling". *Journal of Management in Engineering,* v. 33, n. 3, p. 04016056, 2017.

Kuei, C. *et al.* "Determinants and associated performance improvement of green supply chain management in China". *Journal of cleaner production*, v. 95, pp. 163-173, 2015.

Labuschagne, C.; Brent, A. C. "Sustainable project life cycle management: the need to integrate life cycles in the manufacturing sector". *International Journal of Project Management*, v. 23, n. 2, pp. 159-168, 2005.

Labuschagne, C.; Brent, A. C. "Social indicators for sustainable project and technology life cycle management in the process industry". *Int. J. Life Cycle Assess*, n. 11, v. 1, pp. 3-15, 2006.

Lapinski, A. R.; Horman, M. J.; Riley, D. R. "Lean processes for sustainable project delivery". *Journal of construction engineering and management*, v. 132, n. 10, pp. 1083-1091, 2006.

Lenferink, S.; Tillema, T.; Arts, J. "Towards sustainable infrastructure development through integrated contracts: Experiences with inclusiveness in Dutch infrastructure projects". *International journal of project management*, v. 31, n. 4, pp. 615-627, 2013.

li, Y. Y. *et al.* "Critical project management factors of AEC firms for delivering green building projects in Singapore". *Journal of construction engineering and management*, v. 137, n. 12, pp. 1.153-1.163, 2011.

Lofgren, Kent. Qualitative analysis of interview data: A step-by-step guide for coding/indexing. *Canal Kent Lofgren,* 2013. Disponível em: <http://www.youtube.com/watch?v=DRL4PF2u9XA&list=PLiBosE4GmWzvsXvYrfUFKkqq0Fi9dklU9>. Acesso em: 08 abr. 2023.

Lundin R.A.; Söderholm A. "A theory of the temporary organization". *Scandinavian Journal of Management*, n. 11, pp. 437-455, 1995.

MacCallum, R. C.; Browne, M. W.; Sugawara, H. M. "Power analysis and determination of sample size for covariance structure modeling". *Psychological methods*, v. 1, n. 2, p. 130, 1996.

MacArthur, Ellen. Towards a circular economy: business rationale for an accelerated transition. Greener Manag. Int, v. 20, 2015.

Magalhães, R. F. de; Danilevicz, A de M. F.; Palazzo J. "Managing trade-offs in complex scenarios: A decision-making tool for sustainability projects". *Journal of cleaner production,* v. 212, pp. 447-460, 2019.

Malhotra, N. K. *Pesquisa de Marketing: uma orientação aplicada.* 4ª ed. Porto Alegre: Bookman, 2006.

MARCELINO-SÁDABA, S.; GONZÁLEZ-JAEN, L. F.; PÉREZ-EZCURDIA, A. "Using project management as a way to sustainability. From a comprehensive review to a framework definition". *Journal of cleaner production*, v. 99, pp. 1-16, 2015.

MARÔCO, J. *Análise de equações estruturais:* Fundamentos teóricos, software & aplicações. Report Number Lda., 2010.

MARTENS, M. L.; CARVALHO, M. M. "Sustainability and success variables in the project management context: an expert panel". *Project Management Journal*, v. 47, n. 6, pp. 24-43, 2016.

MARTENS, M. L.; CARVALHO, M. M. "The challenge of introducing sustainability into project management function: multiple-case studies". *Journal of Cleaner Production*, v. 117, pp. 29-40, 2016.

MESSERLI, P. *et al. Global Sustainable Development Report 2019:* The Future is Now--Science for Achieving Sustainable Development, 2019.

MIR, F. A.; PINNINGTON, A. H. "Exploring the value of project management: Linking Project Management Performance and Project Success". *International Journal of Project Management,* v. 32, n. 2, pp. 202-217, 2014.

MOE, T. L.; KHANG, D. B. "Success Criteria and Factors for International Development Projects: A Life-Cycle-Based Framework". *Project Management Journal*, v. 39, n. 1, pp. 72-84, 2008.

MOHAMED, Z.; LIM, C. S. "Criteria of project success: an exploratory re-examination". *International Journal of Project Management*, v. 17, n. 4, pp. 243-248, 1999.

MULAIK, S. A. *et al.* "Evaluation of goodness-of-fit indices for structural equation models". *Psychol. Bull.*, v. 105, 430-445, 1989.

ØKLAND, A. "Gap analysis for incorporating sustainability in project management". *Procedia Computer Science*, v. 64, pp. 103-109, 2015.

OTHMAN, E., AHMED, A. "Challenges of mega construction projects in developing countries". *Organ. Technol. Manag. Constr. Int.* J. v. 5, pp. 730-746, 2013.

PACHECO, R. C. dos S.; TOSTA, K.C.B.T.; FREIRE, P. de S. "Interdisciplinaridade vista como um processo complexo de construção do conhecimento: uma análise do Programa de Pós-Graduação EGC/UFSC". *RBPG*, Brasília, v. 7, n. 12, pp.136-159, 2010.

PANKRATZ, O.; BASTEN, D. "Ladder to success — eliciting project managers' perceptions of IS project success criteria". *International Journal of Information Systems and Project Management,* v. 2, n. 2, pp. 5-24, 2014.

Philippi Jr., A. *et al. Interdisciplinaridade em Ciência, Tecnologia & Inovação*. São Paulo: Manole, 2011.

PMI— Project Management Institute. *PMBOK® Guide*. 6ª ed. 2017.

PMI — Project Management Institute. *The Bottom Line on Sustainability*, 2011.

PMI — Project Management Institute. *Pulse of the Profession*, 2018.

PMI — Project Management Institute. *Pulse of the Profession*, 2019.

Pombo, O. *Epistemologia da Interdisciplinaridade*. Seminário Internacional Interdisciplinaridade, Humanismo, Universidade. Portugal: Faculdade de Letras da Universidade do Porto, 2003.

Prieto-Sandoval, V.; Jaca, C.; Ormazabal, M. "Towards a consensus on the circular economy". *Journal of Cleaner Production*, v. 179, pp. 605-615, 2018.

Raynaut, C. "Os desafios contemporâneos da produção do conhecimento: o apelo para interdisciplinaridade". *Revista Internacional Interdisciplinar INTERthesis*, v. 11, n. 1, pp. 1-22, 2014.

Robbins, N. B.; Heiberger, R. M. "Plotting Likert and other rating scales". *Proceedings of the 2011 Joint Statistical Meeting*. 2011. *NVIVO® qualitative data analysis Software. QSR International Pty Ltd. Version* 12. 2018.

Robichaud, L. B.; Anantatmula, V. S. "Greening project management practices for sustainable construction". *Journal of management in engineering*, v. 27, n. 1, pp. 48-57, 2011.

Rockart, J. F. "Chief executives define their own data needs". *Harvard business review*, n. 57, v. 2, pp. 81-93, 1979.

Rumaithi, K. H.; Al; Beheiry, S. M. "A framework for green project management processes in construction projects". *International Journal of Sustainable Society*, v. 8, n. 2, pp. 126-144, 2016.

Russel, T. *Greener purchasing*: Opportunities and innovations. Routledge, 2017.

Salari, M.; Bhuiyan, N. "A proposed approach to improve current sustainable product development". *Journal of Industrial and Production Engineering*, v. 33, n. 5, pp. 297-307, 2016.

Sanchez, M.A. "Integrating sustainability issues into project management". *Journal of Cleaner Production*, n. 96, pp. 319-330, 2015.

Sarkis, J.; Meade, L. M.; Presley, A. R. "Incorporating sustainability into contractor evaluation and team formation in the built environment". *Journal of Cleaner Production,* v. 31, pp. 40-53, 2012.

Satorra, A.; Bentler, P.M. "Model conditions for asymptotic robustness in the analysis of linear relations. *Comput. Stat. Data Anal.*, v. 10, pp. 235-249, 1990.

SAUNDERS, M.; LEWIS, P.; THORNHILL, A. *Research methods for business students.* 5ª ed. Harlow: FT Prentice Hall, 2009.

SAVOLAINEN, P., AHONEN, J. J.; RICHARDSON, I. "Software development project success and failure from the supplier's perspective: A systematic literature review". *International Journal of Project Management*, v. 30, n. 4, pp. 458-469, 2011.

SCHMITT, T. A. "Current methodological considerations in exploratory and confirmatory factor analysis". *Journal of Psychoeducational Assessment*, v. 29, n. 4, pp. 304-321, 2011. Disponível em: <http://doi.org/10.1177/0734282911406653>. Acesso em: 08 abr. 2023.

SCHIPPER, R.; SILVIUS, G. "The Sustainable Project Management Canvas". *The Journal of Modern Project Management*, v. 4, n. 3, 2017.

SHENHAR, A. J.; DVIR, D.; LEVY, O.; MALTZ, A. C. "Project success: A multidimensional strategic concept". *Long Range Planning*, v. 34, n. 6, pp. 699-725, 2001.

SHENHAR, A.; DVIR, D. *Reinventing Project Management: The Diamond Approach to Successful Growth and Innovation.* Harvard Business School Press, 2007.

SHENHAR, A. "Meeting time, cost, and moneymaking goals with strategic project Leadership®, why is project management weak? The art and science of project management". *PMI Global Congress Proceeding*, 2011.

SILVIUS, G. "Considering sustainability in project management processes". *In:* THOMAS, Ken D. *Handbook of research on sustainable development and economics.* IGI Global, 2015, pp. 311-334.

SILVIUS, G. "Sustainability as a new school of thought in project management". *Journal of cleaner production*, v. 166, pp. 1.479-1,493, 2017.

SILVIUS, A. J. G.; SCHIPPER, R. P. J. "A maturity model for integrating sustainability in projects and project management". *24th World Congress of the International Project Management Association (IPMA) Istanbul, Turkey.* 2010.

SILVIUS, A. J. G.; SCHIPPER, R. P. J. "Sustainability in project management competencies: analyzing the competence gap of project managers". *Journal of Human Resource and Sustainability Studies,* v. 2, n. 02, p. 40, 2014.

SILVIUS, A. J. G.; SCHIPPER, R. P. J. "Exploring the relationship between sustainability and project success-conceptual model and expected relationships". *Int. J. Inf. Syst. Proj. Manag,* v. 4, pp. 5-22, 2016.

SILVIUS, A. J. G. *et al.* "Considering sustainability in project management decision making; An investigation using Q-methodology". *International Journal of Project Management*, v. 35, n. 6, pp. 1.133-1.150, 2017.

Singh, R. "Does my structural model represent the real phenomenon? A review of the appropriate use of Structural Equation Modelling (SEM) model fit indices". *Mark. Rev.*, n. 9, pp. 199-212, 2009.

Strauss, A. L.; Corbin, J. *Pesquisa qualitativa:* técnicas e procedimentos para o desenvolvimento de teoria fundamentada. Artmed, 2008.

Tashakkori, A.; Teddlie, C. *SAGE Handbook of Mixed Methods in Social Behavioral Research.* 2ª ed. Thousand Oaks: Sage Publications, Inc., 2010.

BCG AND MIT. The business of sustainability: Imperatives, advantages and actions. 2009.

Thomas, G.; Fernández, W. "Success in IT projects: A matter of definition?" *International Journal of Project Management*, v. 26, n. 7, pp. 733-742, 2008.

Toledo, R. F.; Miranda Junior, H. L.; Farias Filho, J. R.; Costa, H. G. "A scientometric review of global research on sustainability and project management dataset". *Data in brief*, v. 25, p. 104312, 2019.

Treinta, F. *Novas Oportunidades de Negócio com Impacto Social através da Inovação: Proposta de Modelo de Negócio Social.* 2011. Niterói: Universidade Federal Fluminense. 2011.

Treinta, F.; Farias Filho, J. R.; Sant'anna, A. P.; Rabelo, L. M. "Metodologia de pesquisa bibliográfica com a utilização de método multicritério de apoio à decisão". *Prod.* [online], v. 24, n. 3, 2014.

Triviños, A. N. da S. *Introdução à pesquisa em ciências sociais*: a pesquisa qualitativa em educação. São Paulo: Atlas, 2008.

United Nations. *Transforming our world: the 2030 Agenda for Sustainable Development*. 2015.

United Nations. *The Sustainable Development Agenda — 2015.* Disponível em: <https://www.un.org/sustainabledevelopment/development-agenda/>. Acesso em: 04 ABR. 2023.

Van Eck, N. J.; Waltman, L. "Software survey: VOSviewer, a computer program for bibliometric mapping". *Scientometrics*, v. 84, n. 2, pp. 523-538, 2009.

Van Eck, N. J.; Waltman, L. "Visualizing bibliometric networks". *In:* __________. *Measuring scholarly impact.* Springer, Cham, pp. 285-320, 2014.

Van Eck, N. J.; Waltman, L. *Manual for VOSviewer version 1 .6.8*, 2018.

Varela., L. *et al.* "Evaluation of the Relation between Lean Manufacturing, Industry 4.0, and Sustainability". *Sustainability*, v. 11 n. 5, p. 1439, 2019.

Velicer, W. F.; Fava, J. L. "Affects of variable and subject sampling on factor pattern recovery". *Psychological methods*, v. 3, n. 2, p. 231, 1998.

VERRIER, B. *et al*. "Combining organizational performance with sustainable development issues: the Lean and Green project benchmarking repository". *Journal of Cleaner Production*, v. 85, pp. 83-93, 2014.

VILLIERS, Charl; VENTER, Elmar R.; HSIAO, Pei-Chi Kelly. "Integrated reporting: background, measurement issues, approaches and an agenda for future research". *Accounting & Finance*, v. 57, n. 4, pp. 937-959, 2017.

VOSVIEWER®. *Visualizing Scientific Landscapes Software*. Copyright © 2020 Centre for Science and Technology Studies, Leiden University, The Netherlands. Version 1.6.15., 2019.

WEI, P.-L.; HUANG, J.-H.; TZENG, G.-H.; WU, S.-I. "Causal modeling of web-advertising effects by improving SEM based on dematel technique". *Int. J. Inf. Technol. Decis. Mak.*, v. 9, pp. 799-829, 2010.

WESTLAND, J. C. "Lower bounds on sample size in structural equation modeling". *Electronic commerce research and applications*, v. 9, n. 6, pp. 476-487, 2010.

WESTKÄMPER, E.; ALTING, L.; ARNDT, G. "Life cycle management and assessment: approaches and visions towards sustainable manufacturing. Proceedings of the Institution of Mechanical Engineers, Part B". *Journal of Engineering Manufacture*, v. 215, n. 5, pp. 599-626, 2001.

WIELAND, J. R.; FITZGIBBONS, D. E. "Integrating corporate sustainability and organizational strategy within the undergraduate business curriculum". *Organization Management Journal,* v. 10, n. 4, pp. 255-266, 2013.

WORLD COMMISSION ON DEVELOPMENT AND ENVIRONMENT. *Our common Future*. Oxford: Oxford University Press, 1987.

YU, A. G., FLETT, P. D.; BOWERS, J. A. "Developing a value-centred proposal for assessing project success". *International Journal of Project Management*, v. 23, pp. 428-436, 2005.

YU, M. *et al*. "Integrating sustainability into construction engineering projects: Perspective of sustainable project planning". *Sustainability,* v. 10, n. 3, p. 784, 2018.

ZIDANE, Y. J. T.; JOHANSEN, A.; EKAMBARAM, A. "Project Evaluation Holistic Framework — Application on Megaproject Case". *Procedia Computer Science*, v. 64, pp. 409-416, 2015.